农户小额贷款供需分析及信用评价研究

李战江　修长百　著

中国财经出版传媒集团
经济科学出版社
Economic Science Press

图书在版编目（CIP）数据

农户小额贷款供需分析及信用评价研究/李战江，修长百著．—北京：经济科学出版社，2020.1
ISBN 978-7-5218-1188-9

Ⅰ.①农…　Ⅱ.①李…②修…　Ⅲ.①农业贷款-市场需求分析-研究-中国②农业贷款-信用评估-研究-中国　Ⅳ.①F832.43

中国版本图书馆CIP数据核字（2020）第018750号

责任编辑：刘　莎
责任校对：靳玉环
责任印制：邱　天

农户小额贷款供需分析及信用评价研究
李战江　修长百　著
经济科学出版社出版、发行　新华书店经销
社址：北京市海淀区阜成路甲28号　邮编：100142
总编部电话：010-88191217　发行部电话：010-88191522
网址：www.esp.com.cn
电子邮件：esp@esp.com.cn
天猫网店：经济科学出版社旗舰店
网址：http://jjkxcbs.tmall.com
固安华明印业有限公司印装
710×1000　16开　11.75印张　210000字
2020年1月第1版　2020年1月第1次印刷
ISBN 978-7-5218-1188-9　定价：39.00元
（图书出现印装问题，本社负责调换。电话：010-88191510）

本专著出版受到的资助有：

内蒙古农业大学博士后科学基金后期资助项目

内蒙古农业大学经济管理学院

内蒙古人文与社会科学重点研究基地——内蒙古农村牧区发展研究所

内蒙古畜牧业经济研究基地

内蒙古自治区科技计划项目“内蒙古供给侧结构性改革机制与政策研究”（201605053）

前　　言

农户小额贷款信用等级评价包含农户小额贷款的供需分析、农户小额贷款信用等级评价指标体系的构建、农户小额贷款信用评价模型、农户小额贷款信用评级模型四个部分。它是指通过考察农户小额贷款客户的基本情况、还款能力、还款意愿、保证联保和外部宏观经济环境等因素，判别不同农户小额贷款客户的信用等级。

农户小额贷款信用等级评价问题亟待解决，主要原因有：一是信用等级评价问题虽然古老却与时俱进，农户小额贷款信用等级评价问题更是急需解决的信用等级评价问题之一。农户小额贷款具有额度小、财务信息不健全，且违约样本为小样本，指标非正态分布等特点，导致现有的农户小额贷款信用等级评价研究无法显著区分违约客户和非违约客户。二是我国农业人口占全国总人口的比例约为50.32%，农户小额贷款难问题已经成为阻碍农村经济发展的一大难题，因此科学合理的农户小额贷款信用等级评价体系有助于我国新农村建设，促进农村经济发展。

本研究共分为八章。第一章是引言。第二章是农户小额贷款供需分析。第三章是信用显著判别下农户小额贷款信用等级评价指标体系的建立。第四章是基于支持向量机的农户小额贷款信用评价模型的建立。第五章是基于最优多元阿基米德Copula的农户小额贷款信用评级模型的建立。第六章是基于最大分离度改进投影寻踪的农户贷款信用评级模型的建立。第七章是基于逼近理想值—投影寻踪的农户贷款信用风险评级模型的建立。第八章是结论与展望。

本书的主要工作如下：

第一，分析了农户小额贷款的供需现状。

一是通过调查问卷的农户基本情况、农户财务状况和经营成果、农户生产经营情况等七大方面对农户小额贷款的需求情况进行了描述及分析。二是通过调查问卷的普惠金融情况对农户小额贷款的供给情况进行阐述及分析。三是结合调查问卷的农户小额供需分析的结果，对农户小额贷款的供需矛盾特点及其原因进行了分析。

第二，建立了农户小额贷款信用等级评价指标体系。

一是构建了农户小额贷款信用等级评价指标体系。以某商业银行可获取的农户小额贷款数据为研究对象，结合国内外权威机构及流行文献的高频指标，通过 Brown - Mood 中位数检验和 Moses 方差检验的结合、Kendall 秩相关分析与 Brown - Mood 中位数检验的结合，筛选出显著区分违约农户与非违约农户且信息不重复的农户小额贷款信用等级评价指标，最终构建了包含学历、劳动力人数、自有房屋价值、贷款人及其家庭的技能情况、农业生产性收入、总资产、银行存款、社会信誉状况、联保关系以及地区 GDP 增长率在内的10个信用等级评价指标的农户小额贷款信用等级评价指标体系。

二是构建的农户小额贷款信用等级评价指标体系体现了内蒙古农户小额贷款的特点。通过劳动力人数、银行存款、农民生产性收入等农户小额贷款信用等级评价指标反映小额贷款农户的偿还能力。通过联保关系等农户小额贷款信用等级评价指标反映小额贷款农户的抵质押担保状况。通过地区 GDP 增长率等农户小额贷款信用等级评价指标反映地区宏观经济发展对小额贷款农户的清偿能力的影响。

第三，建立了农户小额贷款信用评价模型。

一是建立了农户小额贷款违约判别模型。通过代价敏感支持向量机分类模型将农户小额贷款客户分为两类：违约客户和非违约客户，为银行初步筛选客户提供理论依据。

二是建立了农户小额贷款信用得分评价模型。通过支持向量机回归模型，结合信用评分方程，得到每个小额贷款农户的信用评分。通过对信用评分的排序，保证了非违约农户间信用状况的顺利比较。

第四，建立了农户小额贷款信用评级模型。

一是通过比较 Gumbel、Clayton、Frank 三类 Copula 函数与标准均匀分布数列的欧式距离，得到违约样本的最优 Copula 函数是 Clayton Copula 函数，不违约样本的最优 Copula 函数是 Gumbel Copula 函数。

二是通过蒙特卡洛模拟出信用评级模型所需要的农户小额贷款客户的大样本随机数。

三是通过等分法及动态调整法结合，构建了满足“信用等级越高，违约损失率越低”的农户小额贷款信用评级模型。

第五，建立了基于最大分离度改进投影寻踪的农户贷款信用评级模型。

一是将传统的投影寻踪模型与聚类分析的不同类间应最大分离的思想相结合，构建了一个改进的投影寻踪模型并将新模型应用于农户贷款的信用评级。

二是改进的投影寻踪模型既按照局部密集、整体分散的投影思路最大限度地暴露数据结构，又显著地将违约样本与不违约样本进行分离。

三是新模型使用遗传算法来求解其非线性约束的最优解，使用有序样品的最优分割聚类法来计算评级阈值并最终建立评级模型。实例计算表明，联保组成员关系是影响最大的农户贷款信用评价指标，联保与保证因素是影响最大的农户贷款信用评价准则层。

第六，建立了基于逼近理想值—投影寻踪的农户贷款信用风险评级模型。

一是基于违约农户与非违约农户应具有显著区别原则，将非违约样本逼近理想值、违约样本逼近负理想值，建立投影寻踪的非线性优化模型。

二是通过对投影值进行有序样品的差异序列聚类，建立了农户贷款信用风险的评级模型。农户贷款的实证研究表明，农户信用等级与违约频率呈负相关关系，即农户的信用等级越高则违约的可能性越小。

目录
CONTENTS

第一章 引言

第一节 农户小额贷款信用等级评价的含义

一、农户小额贷款的含义及特点

（一）农户小额贷款的含义

农户小额贷款指向农户发放用于满足其农业种养殖或生产经营的短期小额贷款，由满足条件（有固定职业或稳定收入）的自然人提供保证，即农户保证贷款；也可以由3~5户同等条件的农户组成联保小组，小组成员相互承担连带保证责任，即农户联保贷款[1]。

农户贷款中的“小额”是指单笔贷款的最高额度为5万元，单笔贷款的最低限额为1 000元，最小变动单位为100元[1~3]。

农户小额贷款中的“短期”是指贷款期限最短为1个月，最长为12个月。以月为单位变动，贷款客户可以根据自己的生产经营周期、还款能力等情况自主选择贷款期限，并可随时办理提前还款[2~4]。

（二）农户小额贷款的特点

（1）农户小额贷款对象的财务信息不规范[4]。农户小额贷款对象的财务信息不健全将使得很难选取到信用等级评价研究中的经典指标，并且无法通过已有的信用等级评价理论对小额贷款农户的信用状况进行合理的评价。

（2）小额贷款的农户数量多，而且贷款额度小，风险分散[5]。农户小额贷款业务量大、贷款金额小会消耗银行过多的时间与精力对客户进行审核工作。因此需要建立一个科学合理的农户小额贷款信用等级评价体系。

（3）反映农户小额贷款客户抵押、担保情况的指标较少，无法准确判断农户的清偿能力。

（4）农户小额贷款的偿还能力受贷款对象的债务负担情况影响较大[6~7]。如果贷款对象在贷款期间因个人因素承担了一些债务，那么他偿还贷款的能力就会随之减弱。

（5）地区经济发展对农户小额贷款客户的清偿能力有显著影响[8~9]。不同的地区在自然环境、耕地条件等方面的差异，导致其经济发展水平也存在着较大差异，因此地区经济发展水平也是影响农户清偿能力的重要因素。

二、农户小额贷款信用等级评价的含义及特点

（一）农户小额贷款信用等级评价的含义

农户小额贷款信用等级评价是指通过考察农户小额贷款客户的基本情况、还款能力、还款意愿、保证联保和宏观环境等因素，判别不同农户小额贷款客户的信用等级。

（二）农户小额贷款信用等级评价的特点

（1）具有小样本评价的特点。在现有某商业银行信贷数据库的内蒙古农户贷款的样本基础上，无论是指标体系建立还是信用等级的划分都面临违约样本数量不足的困难。事实上，由于历史积累期限短，即使把全国所有农户贷款违约样本聚集起来仍是一个小样本问题，何况出于银行商业机密我们也不可能取得所有小额贷款农户的全部信息。

（2）具有指标非正态的特点。由于违约样本的严重缺乏，大多数农户贷款的信用等级评价指标都表现出非正态的分布特征。由于现有农户小额贷款

的信用等级评价研究中并没有考虑评价指标分布的问题，现有研究直接使用了正态分布下才适用的研究方法，因而直接应用现有方法将造成农户小额贷款的信用等级评价结果失真。

三、农户小额贷款信用等级评价的内容

农户小额贷款信用等级评价主要包括农户小额贷款的供需分析、农户小额贷款信用等级评价指标体系的建立、农户小额贷款信用评价模型的建立以及农户小额贷款信用评级模型的建立四个部分。

（1）农户小额贷款的供需分析。运用 249 份有效的农户贷款需求的调查问卷，从农户的基本情况、财务状况及经营成果、生产经营情况、普惠金融情况等方面调查进行描述性统计分析，进而得出农户小额贷款需求及供给现状及其特点，总结出内蒙古农户小额贷款的供需矛盾及其原因。

（2）基于信用状态显著判别的农户小额贷款信用等级评价指标体系的建立。信用状态显著判别是指对违约客户、非违约客户判断正确的比例。采用 Brown - Mood 中位数检验与 Moses 方差检验的组合模型来双重筛选出显著区别违约状态的信用评价指标。采用 Kendall 秩相关检验与 Brown - Mood 中位数检验相结合构建信息重复指标的筛选模型。

（3）基于支持向量机的农户小额贷款信用评价模型的建立。在建立的农户小额贷款信用等级评价指标体系的基础上，运用代价敏感支持向量机分类模型构建农户小额贷款违约判别模型，通过支持向量机回归模型构建农户小额贷款信用评分模型。

（4）基于最优 Copula 的农户小额贷款信用评级模型。在建立的农户小额贷款信用评价模型的基础上，通过最优 Copula 和蒙特卡洛模拟出农户小额贷款客户的大样本随机数，通过对信用评分应用等分法并结合动态调整法划分出信用等级高而违约损失率低的农户小额贷款信用评级模型。

（5）基于最大分离度改进投影寻踪的农户贷款信用评级模型。在建立的农户小额贷款信用评价模型的基础上，通过改进的投影寻踪模型不仅按照局部密集、整体分散的投影思路最大限度地暴露数据结构，而且又显著地将违约样本与不违约样本进行分离，通过使用有序样品的最优分割聚类法来计算

评级阈值并最终建立评级模型。

（6）基于逼近理想值—投影寻踪的农户贷款信用风险评级模型。在建立的农户小额贷款信用评价模型的基础上，通过建立投影寻踪的非线性优化模型来显著区分农户的违约状态，通过对投影值进行有序样品的差异序列聚类，建立了农户贷款信用风险的评级模型。

应该指出，本研究选取 Brown - Mood 中位数检验与 Moses 方差检验、Kendall 秩相关检验的组合模型、支持向量机、最优 Copula 及投影寻踪等方法来建立农户小额贷款信用等级评价体系的原因是：一是使用 Brown - Mood 中位数检验与 Moses 方差检验、Kendall 秩相关检验的组合模型可以筛选出显著区分违约状态且信息不重复的农户小额贷款信用等级评价指标；二是支持向量机可以根据违约与非违约两类样本的差距最大来确定评价指标的重要程度；三是最优 Copula 同时可以模拟二元和三元的随机分布函数，适用于违约样本与非违约样本；四是改进的投影寻踪模型可以按照局部密集、整体分散的投影思路，又可以按照将非违约样本逼近理想值、违约样本逼近负理想值的思路来显著地区分农户的违约状态。

第二节　选题的背景及意义

一、选题的背景

（一）理论背景

“三农”问题是党中央从 2004 ~ 2019 年连续 15 年一直强调必须重点发展和解决的问题，随着我国社会主义市场机制的不断完善，农村金融体系的构建对农村经济发展起到了至关重要的作用[10]。而农户作为一个数量多、分布广的群体是金融体系构建中必不可缺的一部分。但是由于农户小额贷款具有贷款金额小、居住分散、信用意识不强、贷前信息调查困难、回收风险大等特点，导致现有农户小额贷款信用等级评价方法无法区分违约客户与非违约客户、违约客户评价得分反而较高的不合理情况以及信用等级高违约损失率高的不合理评级情况等。

本研究在现有农户小额贷款信用等级评价研究的基础上，以某商业银行的内蒙古农户小额贷款客户为研究对象，通过农户小额贷款供需分析、信用等级评价指标体系建立、信用评价模型的构建以及信用评级模型的构建对农户小额贷款信用等级评价问题进行了研究。以期望弥补现有研究的不足，为农户小额贷款信用等级评价提供参考与借鉴。

（二）实践背景

（1）2018 年我国乡村人口占全国总人口的比例为 40.42%（Wind 数据库），农业贷款问题成为亟待解决的问题[11]。科学合理的农户小额贷款信用等级评价体系不仅可以有效地解决农户贷款难的问题，同时可以促进农民收入增长，更是“三农”问题的解决、社会主义新农村建设的重要手段。

（2）农户小额贷款是商业银行小额贷款的主要对象之一。如果农户小额贷款信用等级评价不合理，必然会导致农户小额贷款决策失误、银行利润受损等问题。

二、选题意义

（一）理论意义

以复杂系统评价方法在现有的信用等级评价理论及方法的基础上加以创新与改进，综合考虑农户小额的特点以及每个评价指标的违约判别能力，构建了能够显著区分违约状态的评价指标体系，以及根据违约状态区分能力大小的评价指标重要度的测算到最后合理的信用等级划分的模型，拓展了信用等级评价理论的应用。

（二）现实意义

（1）缓解农户融资难、贷款难的问题。通过构建科学合理的农户小额贷款信用等级评价体系，为商业银行发放贷款提供科学有效的依据，缓解农户借贷困难的现状，促进农业发展。

（2）为商业银行提供了农户贷款的信用等级评价体系。避免银行客户流失以及贷款损失，解决农户贷款难与急的现实难题，促进农业健全财务制度以及健康发展，提高银行的盈利能力和农业的竞争力。

（三）应用价值

本研究具有广阔的应用前景：其主要应用于商业银行对农户贷款进行信用评级与贷款决策；间接应用于风险投资机构对农户的投资决策以及风险管理机构对农户贷款的风险监测与监管。

第三节　农户贷款供需关系研究现状

一、农户贷款需求的相关研究

（一）农户贷款需求的基本特征

我国农户的特征主要表现在[12]：一是农户的经营规模都偏小；二是农户数量多，需要的资金也多；三是农户之间存在地区差异，因而农户需求结构差别大，发达地区或相对富裕的农户需要更多生产或经营性贷款，但落后地区或相对贫困的农户偏好生活性贷款；四是我国土地所有制为集体所有，产权不完整，农户的土地、房屋及相关财产无法进入市场，也不能抵押；五是我国农民与城镇居民收入差距大，呈现出较严重的城乡二元结构问题。

农户是农村经济的基础性主体。通常分为三种类型[13]：一是农户贷款完全为了满足生活需要，以私人借贷或国家救助性贷款为主要途径。二是农户家庭需求无法满足，往往会先选择非农收入，然后寻求国家救助性贷款，再寻求熟人的无利息的贷款，不得已时借高利贷。三是农户追求自身利益的最大化，会在现有情况下寻求最优选择。

（二）农户贷款需求行为的实证研究

国内关于农户贷款需求的研究多基于调查问卷的统计分析，其中代表性的有：

龚颖楹（2016）通过实地走访陕西省杨凌当地农村，随机抽样调查了400份问卷，通过统计分析，研究了产权抵押融资贷款政策下，杨凌地区农户信贷需求及信贷约束问题[14]。

马秀颖（2016）等采用比例分层抽样选取了吉林省全部地区的1 275户农户进行了问卷调查，进而统计出农户借贷需求的规模、满足情况以及运用情况等特征[15]。

李鲲鹏（2016）从成本收益、农村资金外流、信贷供给以及农户信贷需求四个方面分析了农户信贷需求与供给失衡的原因，并提出相应的建议[16]。

于和陈（Yu & Chen，2014）对398户农户进行了调查，并根据调查数据进行统计分析，结果显示农民对农村土地管理权的抵押贷款意识较低，对农村土地管理权抵押贷款的需求特点是客观需求、生产需求、差异化需求[17]。

兰庆高（2014）等选取山东省东中西部的3个地区进行问卷调查，综合考虑地域差异，使样本更具有代表性，通过统计分析，得到了生产经营性农户贷款需求的特点[18]。

邓芬芬（2014）对240户农户的金融供需状况进行调查，在阐述不同阶段下的社会阶层结构提出的金融需求状况、分析差异性农户金融需求与同质性金融供给影响的基础上，得出了有针对性且普遍适用的建议[19]。

田代臣和王骄阳（2009）对8个乡镇的383户农户贷款进行了抽样调查与分析，结果显示不同收入农户的贷款意愿的差别以及不同地区农户贷款意愿的差别[20]。

扬州监管分局课题组（2008）分别选取4个乡（镇）的农户进行问卷调查，结果显示，农户贷款需求主要集中于生产性资金需求，农村信用社是目前解决农户资金需求的主要渠道，农户的正常资金得到满足，但大额资金的贷款申请存在难度[21]。

二、农户贷款供给的相关研究

农村金融供给主体主要分为行政金融主体和业务金融主体[20]。行政金融主体即政府，业务金融主体分为正规金融主体与非正规金融主体。其中，正规金融主体又分为盈利性金融主体和非营利性金融主体。盈利性金融主体主要指农村商业性金融，非营利性金融主体指农村政策性和合作性金融。虽然二者理论上都含有非营利的性质，但是运作情况和功能并不相同。政策性金融是政府政策扶持的结果，合作性金融是自发组织的旨在改善农户生产和生活而形成的。

（一）农户贷款供给主体的运行机制

（1）正规金融机构的农户借贷运行机制[21~22]。主要的三大正规金融供给主体为中国农业银行、农村信用社、中国农业发展银行。近年来农村信用社成为农户贷款的唯一正规金融机构。其运行机制主要是追求利润最大化的贷款发放原则，风险控制因素主要考虑担保和信用，同时秉承着高效安全的贷款目标。

（2）非正规金融机构的农户借贷运行机制[23]。主要分为无息的友情借贷和高利贷等有息借贷。非正规金融机构的农户借贷的优势主要为可以较好地解决农户信息成本的难题，同时较好地解决农户贷款风险难题。

（二）农户贷款供给主体的实证研究

农村信用社是随着社会进步与经济发展而出现的，对农户贷款及农村基础建设有着巨大的贡献。

阿乔格农（Adjognon，2017）等通过选用四个国家具有代表性的数据，探讨投入融资及信贷的作用，并表明传统信贷供给，无论正式的还是非正式的，都非常低[24]。

阿马德希拉和伊克希德（Amadhila & Ikhide，2016）通过定性研究，主要是针对小额贷款的农户的家庭信息建立计量经济学模型，进而提供一些金融机构为农业企业提供资金的原因；同时采访商业银行、开发银行以及风险投资等机构，确定农户可用的融资方式[25]。

蔡选超（2016）以临安地区农户对普惠金融的需求出发，抽样调查了165户农户，运用定性和定量的方法，进行了供给和需求两方面的系统分析[26]。

王鹏涛（2016）紧紧围绕农户贷款需求，以数据分析为主要工具，研究河南省农村金融供给情况、农村金融供需方面存在的问题，最后分析原因并给出针对性建议[27]。

曹瓅和罗剑朝（2015）运用有序 Probit 模型从农户收入差距视角评价了2013～2014年宁夏农村土地承包经营权抵押贷款供给效果[28]。

鞠荣华（2014）使用2006～2010年的统计数据，对农户贷款规模、农户贷款供给机构和农户贷款效率进行分析发现，农户的信贷供给总体上有所改善[29]。

马凤才和代堃（2014）指出正规金融机构中的银行机构或多或少均有涉农贷款、农村贷款和农业贷款，但是发放农户小额贷款的银行机构较少[30]。

杜谊（2014）以湖南省的农户为研究对象，对农户的金融服务从需求和供给两个方面进行了分析，最终发现农村金融供给的严重失衡，并归结原因为城市经济二元结构、金融机构功能缺失等等。并在此基础上通过对230户农户的调查数据进行统计分析，最终给出相关的建议[31]。

桑德胡和胡萨因（Sandhu & Hussain，2010）探讨了农民和银行的独特结构特征，具体考察了印度农业背景下，商业银行贷款给农民的特征。最后发现，金融借贷结构取决于若干不可量化的因素。通过调查185户农户和42家金融机构，来定性和定量分析金融机构供给的影响因素及解决办法[32]。

银行家（2007）对农户小额信用贷款供给进行了分析，指出农村信用社农户小额信用贷款的开展一般与农户的信用评级、信用村镇建设结合起来。但各地农村信用社开展农户小额信贷的绩效差异大，主要表现为覆盖面差异大和单笔贷款的最高额、最低额、平均额度差异大[33]。

三、文献研究评价

现阶段研究表明，农户小额贷款的需求与供给存在矛盾，农村信用社是解决农户贷款需求的重要供给力量。因此，基于农户小额贷款供需分析的合理的农户小额贷款信用等级评价有利于农户发展的持续性。

第四节 国内外农户小额贷款信用等级评价指标体系研究现状

一、国外典型机构的相关信用等级评价指标体系

（一）基于5C要素的信用评价指标体系

国外金融界在信贷风险管理实践中总结归纳出了5C要素原则，即反映还款意愿的道德品质要素（Character）、反映还款能力的能力要素（Capacity）、反映抗风险能力的资本要素（Capital）、保护资产免受损失的抵押担保要素（Collateral）以及反映借款人所处行业环境、宏观经济环境的环境要素（Condition）[34~35]。

（二）基于评级机构的信用评价指标体系

三大评级机构标准普尔公司[36]、穆迪投资服务公司[37]以及惠誉评级公司[38]按照行业的不同建立了中国企业的信用评级指标体系。

大公国际从营运环境等6个方面建立了包括宏观经济环境等评价指标的企业信用风险评价指标体系[39]。

二、国内典型机构的农户小额贷款信用等级评价指标体系

中国银监会和四大国有商业银行的评价指标体系。

中国银监会明确提出[40]农户贷款的信用评价体系中应包括农户的家庭收支状况、农户的个人信用、农户的素质及偿债能力等指标。

中国银行建立的农户贷款的信用评价指标体系重点强调农户的品德素质及经营能力[41]。

中国工商银行的农户贷款的信用评价指标体系由农户担保状况等方面构成[42]。中国建设银行的农户贷款的信用评级指标体系从定性评价等方面进行评价[43]。

中国农业银行建立的农户贷款的信用评价指标体系包括农户经营的基本情况等方面[44]。

三、学术文献归纳总结的农户小额贷款信用等级评价指标体系

霍红和杨永会（2017）针对农户和银行间的信息不对称、银行目前技术无法满足庞大复杂数据整合要求等问题，基于大数据分析构建了农户小额贷款信用评价指标体系，从政府部门、金融机构、行业组织、社会机构和农户自身5个方面的信用数据，对农户作出全面、客观和及时的小额贷款信用评价指标体系[45]。

相婧（2016）在对担保定价模型总结和比较的基础上，从农户小额信贷担保业务模式特点出发，建立了基于风险调整收益法的农户小额信贷担保定价模型，考虑依据农户不同的信用等级和抵押物价值制定差别化的担保费率，建立了一种简单、科学、实用的农户小额信贷担保定价方法[46]。

迟国泰（2015）以中国某全国性大型商业银行的2 044个农户为研究对象，通过偏相关分析和综合判别能力结合进行两轮筛选，最终构建了16个指标组成的农户小额贷款信用等级评价指标体系[47]。

夏萌（2014）以河北省部分地区的农村信用社的217户农户的贷款数据为例，通过对比研究及逻辑回归模型进行指标筛选，最终构建了36个科学合理的信用等级评价指标体系，其中包含6个一级指标及30个二级指标[48]。

郭志仪和吴桢（2013）研究基于青海省600家农户信贷行为的调研，通过构建Probit模型，检验了在不同地理区位下各因素对农户信贷需求的影响[49]。

旷彩霞（2012）以湖南部分地区申请贷款的农户为研究对象，利用因子分析法进行分析提取了12个主要指标，总共选取了646户农户家庭作为样本，在此基础上分别比较基于BP神经网络的农户信用评价模型和基于Logistic回归的农户信用评价模型的应用效果，然后构建基于二者的组合模型[50]。

刘莎（2010）通过相关性分析与秩和检验的结合对农户小额贷款的信用等级评价指标进行双重筛选，剔除对违约状态区分无效的指标，最终建立了9个指标的农户小额贷款信用等级评价指标体系[51]。

四、现有信用等级评价指标体系的不足

一是现有信用评价体系无法有效地将违约状态进行显著区分，这将导致评价结果无法反映农户贷款的信用风险状况的严重后果。二是现有的评价体系构建往往忽略了评价指标之间的信息重复，这将导致评价失误的严重后果。三是现有研究对农户的信贷状况多是定性分析，缺乏实质的定量分析。

第五节　农户小额贷款信用等级评价方法体系研究现状

一、农户小额贷款信用等级评价指标筛选研究现状

（一）基于统计方法筛选指标

张润驰（2017）以江苏北部某地区的18万条真实农户大样本的小额贷款记录为研究对象，采用基于最大似然估计逐步进入法的Logistic模型，筛选出对农户违约概率影响较为显著的信用评价指标，并进行了稳健性的检验[52]。

李天娇（2016）根据初始指标做主成分分析，达到降维的效果，然后构建DEA模型，并计算样本的相对信用评分及排名。最后通过构建Logitech模型得出各个样本的预期违约率，通过KS检验、非参数检验、独立样本T检验筛选出可以显著区分违约和非违约的指标[53]。

惠等（Hui et al.，2013）运用统计学T检验方法对评价指标进行违约与不违约的显著性检验，删除检验P值大于0.05信用评价指标[54]。

祝秀琴（2012）通过 M－W 检验与相关分析结合对制造业风险变量进行显著性检验，删除检验 P 值大于 0.05 的评价指标以及相关系数大于 0.8 的评价指标[55]。

张昆（2010）通过共线性检验与逐步判别分析结合删除了信息重复并且无法区分违约状态的信用等级评价指标，最终构建了农户小额贷款信用评价指标体系[56]。

陈安（2009）以微小企业为研究对象首先根据微小企业特点初步建立了微小企业的信用风险评价体系，通过因子分析得到指标体系的准则层设置，通过在逻辑回归中使用向前有条件的逐步筛选变量方法筛选出对微小企业信用风险有显著影响的风险指标[57]。

李芳（2008）通过变差系数法剔除对违约状态区分能力差的评价指标，并进一步通过分层聚类法分析指标之间的相关性，最终建立合理的评价指标体系[58]。

（二）基于非统计方法筛选指标

古（Gu，2017）等结合层次分析过程和数据包络分析，对样本的信贷指数进行评估，构造了统一的信用等级评价指标评估框架[59]。

王（Wang，2014）等通过将遗传算法与支持向量机模型结合，建立了信用预测模型，筛选出对信用风险影响大的主要因素[60]。

阿尔斯等（Arce et al.，2013）使用固定效应计量模型与向量误差修正模型（VECM）筛选信用风险评价指标[61]。

李和周（Li & Zhou，2012）选取德国个人信贷 640 份样本数据作为研究对象，通过遗传算法与逻辑回归的结合，筛选出科学合理的信用风险评价指标体系[62]。

波斯德尔和普里莫拉克（Posedel & Primorac，2012）通过删截模型筛选信用风险评价指标[63]。

杨胜刚等（2012）通过层次分析法测算每个农户贷款信用等级评价指标的权重，删除权重小于 0.04 的农户贷款信用等级评价指标，最终得到了 9 个农户小额贷款信用等级评价指标，通过神经网络对保留的 9 个指标建立农户信用得分的评级模型[64]。

殷爽（2009）运用遗传算法和神经网络对个人信用风险进行了个人信用评估，通过遗传算法良好的最优化性能建立了个人信用风险评价指标体系[65]。

（三）现有指标筛选方法的不足

一是现有筛选方法忽视了指标的违约样本不足以及非正态的统计特征。现有研究大多在没有对风险变量进行正态性检验情况下直接进行参数统计建模，这导致了研究结果的可靠性较差。二是现有筛选方法筛选的信用评价指标无法区分违约状态与非违约状态。如果筛选的信用评价指标不能区别违约状态，则该信用评价指标体系无法用于信用评价。

二、农户小额贷款信用等级评价的研究现状

（一）基于统计与非统计方法的评价模型

吴建华等（2016）使用蒙特卡洛模拟方法研究了回收率和违约概率之间的内在影响关系[66]。

张莉（2015）使用马尔科夫转移概率研究了企业贷款中的信用等级问题[67]。

李杰（2014）选用专家群组决策特征根法筛选农业产业链融资下农户信用指标，接着引入相对熵的组合赋权法对农户信用进行评价分析[68]。

王辉（2014）通过对信用等级评价指标体系进行层次分析，得出每个层次中各个评价指标的赋权值，并以此为依据设计农户信用评价打分表及信用等级分级，通过不断地检验与修改，最终得出了操作简便且检验有效的农户信用评价打分表[69]。

安乐（2014）使用逻辑回归模型建立了上市中小企业的财务危机的预测模型[70]。

沃斯尼扎和勒克（Wosnitza & Leker，2013）提出了基于核的逻辑回归的企业信用风险评价模型[71]。

加马等（Gama et al.，2012）以葡萄牙中小企业为研究对象，运用 Logit 模型建立了信用评价得分模型。

（二）基于人工智能的评价模型

陈云等（2016）运用支持向量机回归模型构建了企业信用评分模型[73]。

李永奎和周宗放（2015）使用无标度网络方法构建了关联信用风险的传染模型[74]。

黄祺（2014）使用模糊支持向量机技术建立了融资风险评价模型[75]。

布兰克等（Blanco et al.，2013）通过具有多层感知器的神经网络模型建立了小额贷款的信用评分模型[76]。

哈里斯（Harris，2013）通过支持向量机对巴巴多斯信用社的信贷数据库的违约样本与非违约的样本构建了信用评价模型，同时表明宽违约定义的信用评分模型优于窄违约定义的信用评分模型[77]。

（三）基于非参数与优化模型的评价模型

张娟和张贝贝（2015）应用广义半参数可加模型测算了企业客户的违约概率[78]。

克鲁帕等（Kruppa et al.，2013）通过非参数最近邻方法与非参数随机森林方法对个人消费信用贷款的违约概率进行了估计[79]。

韦克沙等（Wekesa et al.，2012）通过生产分析对贷款申请者的性别进行了违约概率的研究，研究表明贷款申请人的性别对于生产时间以及危险率函数没有区别[80]。

张目和周宗放（2011）通过投影寻踪判别测算了企业信用等级评价指标的权重，然后通过遗传算法测算了每个信用等级评价指标的信用评分，最后通过最优分割方法对企业的信用等级进行了划分[81]。

（四）现有信用评价及等级划分方法的不足

现有信用评价方法大多是在大样本下建立评价模型以及划分信用等级，但当样本数量不足以划分 9 个信用等级时，如何用有限的小样本建立信用评级模型仍是一个有待深入研究的问题。

第六节　研究内容和研究方法

一、研究内容

（一）第一章：引言

本章明确了农户小额贷款信用等级评价的含义，对农户小额贷款的供需分析、农户小额贷款信用等级评价指标体系、农户小额贷款信用评价及信用评级模型的研究现状及存在的问题进行了详细的论述。阐明了本书的研究内容、研究方法和主要创新点。

（二）第二章：农户小额贷款供需分析

以调查问卷为基础，从农户个人基本情况、财务情况和经营情况、农户生产经营情况等方面进行描述性分析农户小额贷款需求现状及特点。通过普惠金融情况描述农户小额贷款的供给情况，并综合分析了内蒙古农户小额贷款的供需矛盾。

（三）第三章：基于信用状态显著判别的农户小额贷款信用等级评价指标体系

本章以某商业银行可获取的内蒙古农户小额贷款数据为基础，结合国内外相关机构的高频指标，通过 Brown - Mood 中位数检验与 Moses 方差检验的组合模型以及 Kendall 秩相关检验与 Brown - Mood 中位数检验的组合模型筛选出能够显著区分违约状态且无信息重复的农户小额贷款信用等级评价指标，最终构建了包含 10 个农户小额贷款信用等级评价指标的农户小额贷款信用等级评价指标体系。通过劳动力人数、银行存款、农民生产性收入等农户小额贷款信用等级评价指标反映小额贷款农户的偿还能力。通过联保关系等农户小额贷款信用等级评价指标反映小额贷款农户的抵质押担保状况。通过地区

GDP 增长率等农户小额贷款信用等级评价指标反映地区宏观经济发展对小额贷款农户的清偿能力的影响。

（四）第四章：基于支持向量机的农户小额贷款信用评价模型

一是建立了农户小额贷款违约判别模型；二是建立了农户小额贷款信用得分评价模型；三是通过上述两种模型对内蒙古商业银行的农户小额贷款客户的信用风险进行了评价，并据此为商业银行提供贷款决策建议。

（五）第五章：基于最优 Copula 的信用评级模型

一是通过最优阿基米德 Copula 的选取模拟出违约客户与非违约客户的联合分布函数；二是通过蒙特卡洛法分布模拟出信用等级划分的大样本随机数；三是等分法和动态调整法结合划分出“信用等级高违约损失率低”的合理的内蒙古农户信用评级标准。

（六）第六章：基于最大分离度改进投影寻踪的农户贷款信用评级模型

一是建立了一个改进的投影寻踪模型并将新模型应用于农户贷款的信用评级；二是改进的投影寻踪模型不仅最大限度地暴露数据结构，而且又将违约样本与不违约样本显著地进行分离；三是新模型使用有序样品的最优分割聚类法来计算评级阈值并最终建立评级模型。

（七）第七章：基于逼近理想值—投影寻踪的农户贷款信用风险评级模型

一是基于违约农户与非违约农户应具有显著区别原则，建立了投影寻踪的非线性优化模型；二是通过对投影值进行有序样品的差异序列聚类，建立了农户贷款信用风险的评级模型。

（八）第八章：结论与展望

本章是对本书主要工作的总结和未来继续深入研究方向的工作展望。

二、研究内容的相互关系

本研究的各章研究内容是以内蒙古农户小额贷款信用等级评价为核心，

分别从“农户小额贷款的供需分析”到“农户小额贷款的信用等级评价指标体系的构建”到“农户小额贷款信用评价模型的构建”到“农户小额贷款信用评级模型的建立”等方面来研究内蒙古农户小额贷款信用等级评价问题，各章是紧密联系、层层深入的，后边章节是建立在前边章节研究的基础上的。研究内容的相互关系如图 1－1 所示。

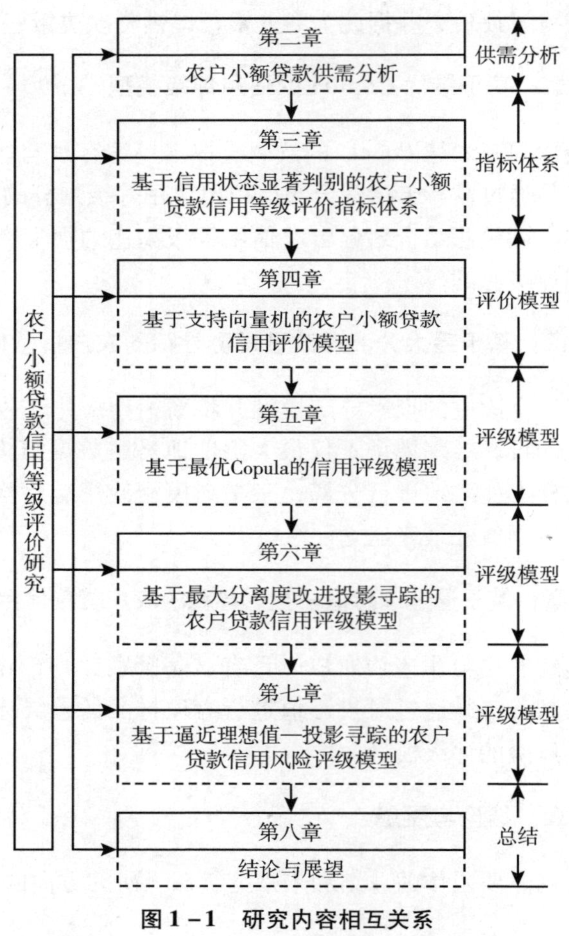

图 1－1　研究内容相互关系

第二章是农户小额贷款的供需分析，本章是本书的基础。没有合理的实际分析，盲目的应用定量方法对指标进行筛选与评价是不科学的，就无法保证最后的评价体系的合理性。因此，第二章同时兼具理论上的必要性与实践上的迫切性。

第三章是基于信用显著判别的农户小额贷款信用等级评价指标体系的构建，是本书的关键部分。因为只有建立了评价指标体系，才能进一步对信用评价指标构建评价模型及信用等级的划分。因此，第三章处于关键位置，缺之就无法完整科学地建立农户小额信用等级评价模型。

第四章是基于支持向量机的农户小额贷款信用评价模型的构建，是本书的拓展部分。本章主要是在第三章农户小额贷款信用等级评价指标筛选体系的构建基础上，建立了两类农户小额贷款信用评价模型，一是区分农户是否违约的贷款评价模型，二是农户小额贷款信用评分的测算模型。

第五章是基于最优阿基米德 Copula 的农户小额贷款信用评级模型，是本书的决策部分。本章主要是在第四章的基础上，通过模拟出的大样本随机数来划分出“信用等级高违约损失率低”的信用等级，为商业银行发放农户贷款提供合理的标准。

第六章是基于最大分离度改进投影寻踪的农户贷款信用评级模型。本章主要是在第五章的基础上，通过改进的投影寻踪模型并且使用有序样品的最优分割聚类法最终建立了评级模型。

第七章是基于逼近理想值—投影寻踪的农户贷款信用风险评级模型。本章主要是在第六章的基础上，一是建立了一个能显著区分违约农户与非违约农户的信用风险评价模型，二是通过差异聚类模型建立了农户贷款信用风险的评级模型。

第八章是结论与展望。本章主要是对本书主要工作的总结和未来继续深入研究方向的工作展望。

三、研究方法

（一）评价指标体系构建方法

（1）依据可获取性原则，剔除海选中无法获得数据的评价指标，使初步筛选后的指标满足可观测性及实用性。

（2）通过 Brown – Mood 中位数检验与 Moses 方差检验的组合模型对信用评价指标进行第一轮筛选，对每个信用评价指标连续进行 Brown – Mood 中位数检验和 Moses 方差检验，如果某个信用评价指标既能从中位数角度又能从方差角度显著区别违约企业样本与不违约企业样本，则该农户信用评价指标将被第一轮的定量筛选保留。

（3）通过 Kendall 秩相关分析方法反映信用评价指标的信息不重复的定量筛选思路。Kendall 秩相关分析的作用是在同一类别的信用评价指标中筛选出反映信息不重复且对违约状态判别能力强的信用评价指标。经 Kendall 秩相关分析保留的信用评价指标就是本研究最终构建的农户小额贷款信用等级评价指标体系。

（二）信用评价指标打分方法

根据信用等级评价指标的属性不同，农户小额贷款信用等级评价指标一般被分为定性指标与定量指标两类。其中，定量指标包含正向指标、负向指标、最佳区间指标三种，不同的评价指标类型分别采用不同的打分方法，以保证指标打分的客观性，进而减小误差。

（1）定量指标打分方法。依据评价指标的类型不同采取不同的打分方法。其中指标值越大，农户的信用情况越好的指标，我们采用正向指标的打分方法，例如农业生产性收入、总财产以及贷款人的农业纯收入等指标。指标值越小，农户的信用情况越好的指标，我们采用负向指标的打分方法，如农业生产性支出和总支出等指标。如果指标值处于某个区间内，农户的信用情况最好的指标，我们采用最佳区间指标打分法，如居民消费价格指数和年龄等指标。

（2）定性指标打分方法。定性指标打分的目的是要将定性指标定量化，以达到定量分析的目的，因此对定性指标进行系统的理性分析极其重要，需要制定出适合农户小额贷款信用等级评价指标的打分标准。例如对农户的学历、贷款用途、社会信用情况等指标采取等距离打分方法；对是否有未归还的银行贷款、是否有民间借贷等指标采取 0 和 1 打分法；为了突显指标数值之间的差别，对婚姻状况、性别等指标采取不等距打分方法。

（三）信用评价指标赋权方法

（1）通过支持向量机的回归模型求解最优回归函数，然后确定每个农户信用评价指标在回归点的权重，使违约与非违约两类样本的差距最大来确定不同指标的重要程度，保证了评价方程中权重数值的合理性，体现了违约农户与非违约农户两类样本的差距越大、权重越大的思路。

（2）通过高斯径向基核函数将农户小额贷款信用等级评价指标空间映射到高维特征空间，解决了农户小额贷款客户评价影响因素非线性赋权问题。避免了现有研究中通过简单线性加权测算信用评分导致的信用等级评价指标与评价结果间的真实关系无法表达的缺陷。

（四）信用评价指标信用得分测算方法

通过综合方程测算第 i 个农户贷款的信用评价得分，其值等于指标权重与对应指标取值的乘积和再乘以 100。通过评价指标与评价指标权重的加权线性组合建立农户贷款的信用评分测算模型，反映权重越大则评价指标对农户贷款的信用评分影响越大的信用评分思路，解决了高维数下农户贷款的信用评分的测算问题。

（五）信用等级划分方法

（1）将农户贷款的信用得分进行由高到低的排序，通过等分法对排序后的信用得分测算其分级阈值，通过分级阈值将农户的信用得分划分为相应信用等级，确保信用得分高的其信用等级也高。然后通过最优阿基米德 Copula 函数及蒙特卡洛模拟生成评级所需的大样本随机数，结合动态调整建立最后满足信用等级越高违约损失率越低的合理的农户评级模型。

（2）通过最优分割点对农户信用得分区间进行分割，得到信用评级的临界阈值，建立最终的农户贷款信用评级模型。在有序样品基础上，以类直径反映类内有序样品的偏离程度，通过损失函数最小得到有序样品的最优分割点。

（3）通过对投影值进行有序样品的差异序列聚类，建立了农户贷款信用风险的评级模型。有序样品聚类的差异序列方法对投影值评级的好处：一是可以得到评级阈值并且计算简便。二是通过不同级别差异大、同一级别差异小的聚类思路，体现了信用风险评级差异化的本质要求。

四、技术路线

本书的具体研究思路、技术路线如图1－2所示。

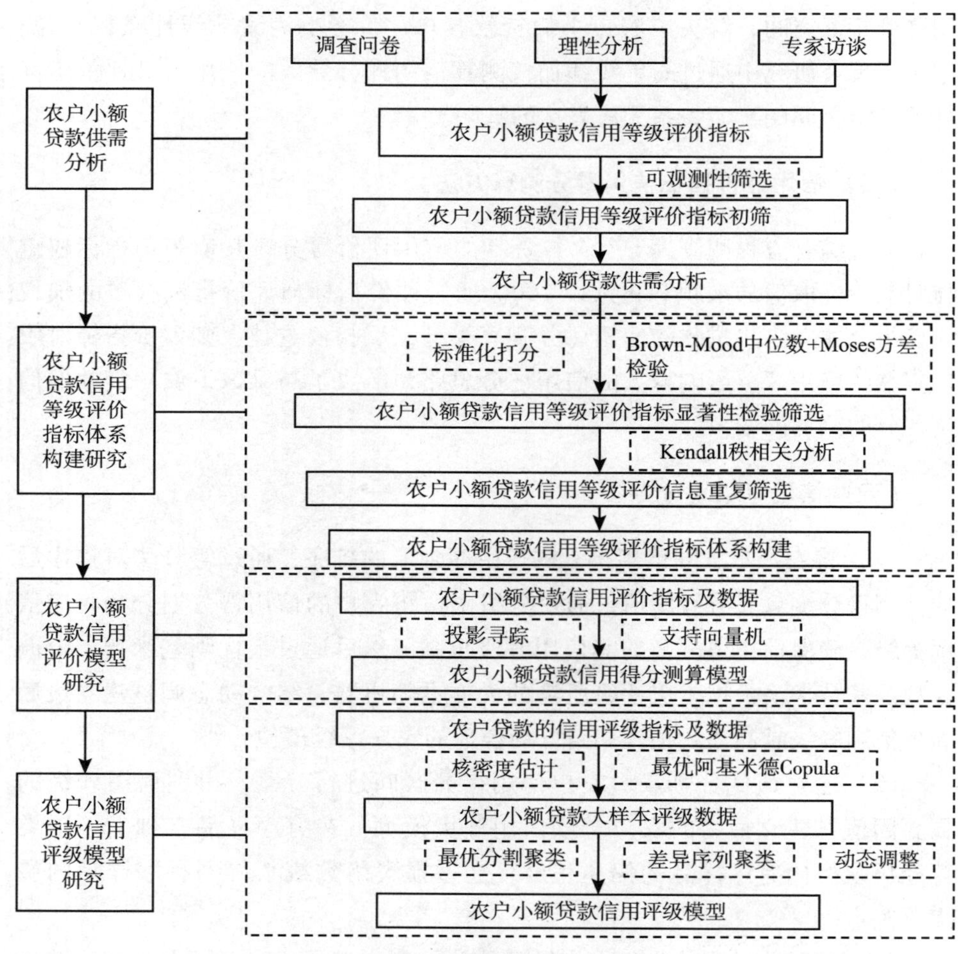

图1－2　技术路线

一明确了农户小额贷款信用等级评价的含义、特点，以及主要内容及方法。

二对内蒙古农户小额贷款的供给与需求进行统计分析。

三构建了信用显著判别下的内蒙古农户小额贷款信用等级评价指标体系。

四建立了内蒙古农户小额贷款信用评价模型，并对某商业银行的440个内蒙古农户的信用贷款情况进行了评价。

五建立了基于最优阿基米德 Copula 的内蒙古农户信用评级划分模型，为商业银行发放农户贷款提供理论与决策依据。

第七节 主要创新点

一、主要创新

（1）通过将学历、劳动力人数、自有房屋价值、贷款人及其家庭的技能状况、总资产、农业生产性收入、银行存款、社会信誉状况、联保关系和地区 GDP 增长率等能显著区分违约与非违约客户的信用评价指标纳入农户小额贷款信用等级评价指标体系，构建了信用状态显著判别下的农户小额贷款信用等级评价指标体系。

通过违约状态判别显著性分析筛选出可以显著区分违约客户与非违约客户的信用等级评价指标。对每个信用等级评价指标连续进行 Brown - Mood 中位数检验和 Moses 方差检验，如果某个信用等级评价指标既能从中位数角度又能从方差角度显著区别违约样本与不违约样本，则该信用等级评价指标将被第一轮的定量筛选保留，同时证明该信用等级评价指标具有违约状态判别能力，否则该信用等级评价指标将被删除并证明该信用等级评价指标不具有违约状态判别能力。然后通过 Kendall 秩相关分析方法删除信息重复的信用等级评价指标，构建了最终的农户小额贷款信用等级评价指标体系。

研究结果表明：学历、劳动力人数、自有房屋价值、贷款人及其家庭的技能情况、农业生产性收入、总资产、银行存款、社会信誉状况、联保关系以及地区 GDP 增长率等农户小额贷款信用等级指标能够显著区分违约客户与非违约客户。

（2）通过支持向量机测算信用等级评价指标权重，更好地体现了违约样本与不违约样本差距越大则评价指标重要程度越大的权重测算思路，反映了评价指标分布未知时使用何种方法构建具有违约状态判别能力的内蒙古农户小额贷款的信用评价模型的新思路。

通过支持向量机的回归模型求解最优回归函数，然后确定每个评价指标在回归点的权重，使违约与非违约两类样本的差距最大来确定不同指标的重要程度。

通过高斯径向基核函数将农户小额贷款信用等级评价指标空间映射到高维特征空间，解决了农户小额贷款客户评价影响因素非线性赋权问题。避免了现有研究中通过简单线性加权测算信用评分导致的信用等级评价指标与评价结果间的真实关系无法表达的缺陷。

（3）通过最优阿基米德 Copula 函数与等分法相结合建立信用等级越高则对应等级违约损失率越低的小样本评级模型，解决了由于违约样本数量不足导致的农户贷款无法划分信用等级的问题。

通过等分法对从大到小排序后的信用得分测算其分级阈值，通过分级阈值将农户的信用得分划分为相应信用等级，确保信用得分高的其信用等级也高。然后通过最优阿基米德 Copula 函数及蒙特卡洛模拟生成评级所需的大样本随机数，结合动态调整建立最后满足信用等级越高违约损失率越低的合理的农户信用评级模型。

（4）通过在投影结构中加入违约农户与非违约农户的最大分离度，克服了现有的投影结构对违约农户与非违约农户不加区分的弊端，保证了投影方向在聚类思路基础上同时区分违约农户与非违约农户，增强了模型在信用风险评价中的适用能力。

将传统的投影寻踪模型与聚类分析的不同类间应最大分离的思想相结合，本书建立了一个改进的投影寻踪模型并将新模型应用于农户贷款的信用评级。改进的投影寻踪模型既按照局部密集、整体分散的投影思路最大限度地暴露数据结构，又显著地将违约样本与不违约样本进行分离。新模型使用遗传算法来求解其非线性约束的最优解，使用有序样品的最优分割聚类法来计算评级阈值并最终建立评级模型。

（5）通过使用 TOPSIS 逼近理想解思想改进投影寻踪模型，克服了现有信用风险模型无法有效区别违约样本与非违约样本的弊端，保证了违约样本与非违约样本最大分离的最佳投影方向，解决了建立显著区别违约样本与非违约样本的信用风险模型的问题。

基于违约农户与非违约农户应具有显著区别原则，将非违约样本逼近理想值、违约样本逼近负理想值，建立投影寻踪的非线性优化模型；通过对投影值进行有序样品的差异序列聚类，建立了农户贷款信用风险的评级模型。

二、主要特色

（1）通过 Brown – Mood 中位数检验与 Moses 方差检验的组合模型与 Kendall 秩相关检验结合的方法定量筛选指标，用 23% 的指标反映了 85% 的原始信息，建立了简洁明晰的农户小额贷款信用等级评价指标体系。

通过 Brown – Mood 中位数检验与 Moses 方差检验的组合模型来双重筛选显著区别违约状态的农户小额贷款信用等级评价指标。通过 Kendall 秩相关检验与 Brown – Mood 中位数检验相结合构建信息重复指标的筛选模型。最终建立的农户小额贷款信用等级评价指标体系用 23% 的指标反映了 85% 的原始信息。

（2）通过选取对于少量样本具有较好的分类性能的代价敏感支持向量机方法，选取最优的惩罚系数，优化了违约判别模型的容错率，提高了样本违约状态的判别精度。

通过支持向量机回归算法，测算农户小额贷款信用等级评价指标的权重，体系了违约样本与非违约样本差距越大，权重越大的思路。

通过高斯径向基核函数将农户小额贷款信用等级评价指标空间映射到高维特征空间，解决了农户小额贷款客户评价影响因素非线性赋权问题。避免了现有研究中通过简单线性加权测算信用评分导致的信用等级评价指标与评价结果间的真实关系无法表达的缺陷。

（3）通过最优阿基米德 Copula 函数和蒙特卡洛方法将农户小额贷款信用等级评价指标的小样本数据扩充为评级大样本数据，弥补了违约数据太少而无法划分信用等级的不足。结合等分法与动态调整法构建了随信用等级降低违约损失率增大的合理的农户小额贷款信用等级划分模型。

通过最优多元阿基米德 Copula 函数拟合出多个评价指标的联合分布函数，然后通过蒙特卡洛模拟出农户小额贷款信用等级评价模型建立所需的大样本数据。

将信用评分等分的方法与动态调整结合，构建了一套高信用等级且低违约损失率的内蒙古农户小额贷款信用等级划分体系，改善了现有农户信用研究中只对信用评分划分信用等级进而忽略高等级对应低违约损失率原则的境况。

第二章
农户小额贷款供需分析

第一节　相关概念的介绍

一、农村金融需求

农村金融需求是指农村现代化经济发展过程中所需的金融支撑，其中包含直接金融需求和间接金融需求两类。直接农村金融需求是直接因农村实体经济发展需要而提供媒介、支付、结算、交易等服务的金融过程。间接农村金融需求是为支撑这一过程或为之服务的、在金融系统内部进行的如同业拆借、回购协议、二级金融市场上的融资、交易、清算等间接地为农村实体经济服务的农村间接金融过程[82]。

二、农村金融供给

农村金融供给包括中央银行基于农村经济的发行、农村居民储蓄和农村企业储蓄、农村外的金融资源流入（流出）。农村金融供给从形式上包括农村货币供给和农村非货币供给。农村货币流动速度取决于农村经济活动过程，是相对比较稳定的变量，农村非货币性金融资产额和非货币性金融资产的交易媒介系数都是极为容易变化和难以控制的变量，但取决于农村金融市场的发育程度，目前这部分在我国农村金融中所占比例很小[83]。

第二节　研究理论基础

一、供给和需求理论

供给是指生产者在某一特定市场上的一定时期内，愿意且有能力供应与销售价格相对应的商品数据[84]。供给定律：假设其他因素不变，商品的供给量会随其相对价格的上升而上升。

需求是指消费者愿意且有能力购买某个商品的欲望。需求定律：假设其他因素不变，商品的需求量会随其相对价格的降低而增加。

二、农村金融市场理论

农村金融市场是整个金融市场的重要组成部分。农村金融市场实质上是农村金融供需主体间进行信用交易的场所以及和这些有关的制度安排与交易关系的总和。

农村金融市场由于其涉及的信用环境和法律制度等方面成为金融市场建设的必然要求，但同时也暴露出其局限性问题。事实上，农村金融市场并没有理论上的那样健全和强大，无法过多强调市场化利率的作用[85]。因此，农户通过市场化和利率自由化获得正式金融机构的贷款仍是亟待解决的难题。退一步讲，纵使降低利率，提高农户贷款成功的可能性，但是由于农户自身具有的成本高、缺乏抵押物和担保品等特点，使得农户真正从金融市场上获得贷款依旧困难。

第三节 农户小额贷款的需求现状及特点

本章首先介绍内蒙古兴安盟扎赉特旗的好力保乡、音德尔镇、二龙山乡共三个乡镇的调查样本的选取，其次从农户小额贷款调查问卷的设计与统计方面进行现状分析，最后找出农户小额贷款需求的特点，并对农户小额贷款需求进行小结。

一、农户基本信贷情况

本章所使用的数据来自内蒙古兴安盟扎赉特旗的好力保乡、音德尔镇、二龙山乡，共发放了400份问卷，回收有效农户调查问卷249份。这里的有效问卷标准是指调查农户的填写程度达到问卷问题的80%，并不是每个选项全部填写。因此，下面的统计分析中，有些选项的统计总数会小于249。

农户小额贷款情况调查问卷设计的内容有：个人基本情况、财务状况及经营成果、生产经营情况、借贷基本情况、抵押、担保情况、违约情况、社会资本情况及普惠金融情况等八大方面。具体有个人基本情况（婚姻状况、家庭总人数、家庭受教育人数、是否购买农业保险、是否加入合作社或经营项目等）、财务状况及经营成果（种植、经商、打工、土地租金、政府补贴等收入和生产性支出、子女上学费用、医疗、日常生活等支出）、生产经营情况（耕地面积、自家面积、承包面积、出租面积、是否了解土地流转经营的新政策等）、借贷基本情况（是否需要借款、借款首选的融资渠道、是否从银行申请过贷款、未能从银行获取贷款的主要原因、倾向于向哪家银行贷款等）、抵押、担保情况（不愿参与农地抵押融资的原因是什么、是否愿意参加联保小组、是否已经参加了联保小组、参加了几个、活动的次数等）、违约情况（是否被银行评为信用用户、每月是否接收到银行催收贷款短信、是否有过违约或延期还款的现象、还不上贷款的主要原因、违约对本人最大的惩罚等）、社会资本情况（经常来往的亲戚家庭数、生活在县城或市里的亲戚数量、存在资金困难时，是否可以从亲戚那借来钱、借来的金额、是否需要支付利息、与邻居之间的关系等）、普惠金融情况（银行网点数、贷款功能网点数、ATM机数量、与家里离得最近的金融机构的距离、交通是否便利、借记卡张数等）。

二、农户的基本情况

农户的基本情况方面主要设置了年龄、婚否、是否购买农业保险、是否购买商业保险等20项。

通过年龄程度的分布、婚姻状况及健康状况、家庭情况等来反映农户个人及家庭的背景和稳定情况。

通过是否为公务员、村干部、是否参加合作社、经营项目等来反映农户的社会关系及社会能力。

通过是否购买农业保险、商业保险等反映农户的保障意识及贷款偿还保证。

通过是否接受最低生活保障、社会救济、政府给予的补贴项目反映农户的基本经济状况。

对表2-1的农户的基本情况中的年龄进行统计分析，得到年龄分布如图2-1所示。

表2-1　农户基本情况选项

农户	年龄	政府给予的补贴项目	是否购买了农业保险	…	是否购买商业保险	是否公务员或村干部	是否加入合作社或经营项目
农户1	45	粮补、取暖补	否	…	否	否	否
农户2	55	粮补、取暖补	否	…	否	否	否
…	…	…	…	…	…	…	…
农户120	52	粮补	是	…	是	否	否
…	…	…	…	…	…	…	…
农户248	46	粮补	否	…	否	否	是
农户249	29	无	否	…	否	否	否

资料来源：内蒙古兴安盟扎赉特旗的三个乡镇的农户贷款调查问卷。

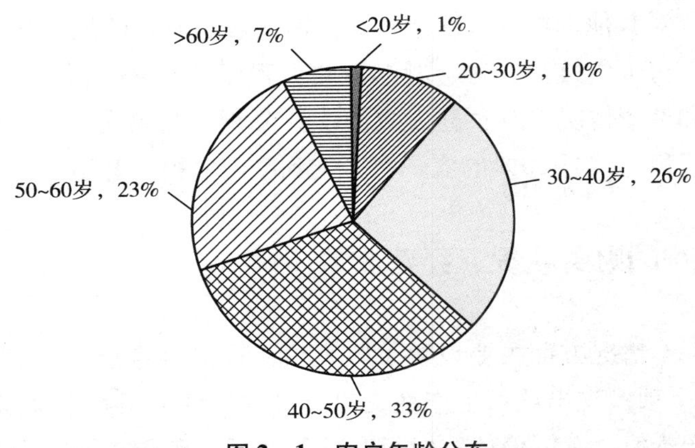

图 2-1　农户年龄分布

由图 2-1 可见，调查的农户年龄主要集中在 30~60 岁这个区间，其中 40~50 岁的又居多，所以本章的农户贷款的供需需求数据主要参考于 30~60 岁这个年龄段的背景及成长的社会背景进行分析。

对表 2-1 的是否购买农业保险、商业保险等选项进行统计分析，结果列入表 2-2。

表 2-2　　统计分析

选项	是	否	合计
购买农业保险	69	143	202
购买商业保险	42	160	202
参加合作社，经营项目	60	144	204
公务员、村干部	43	191	234

资料来源：内蒙古兴安盟扎赉特旗的三个乡镇的农户贷款调查问卷。

由表 2-2 可以看出，在购买农业保险、商业保险项目上，农户选择否比例达到了总数的 60% 以上，出现这种情况的原因一是农户对保险知识了解得过少，认为保险投入就是浪费资金。二是购买过农业及商业保险的并没有享受到该有的保险功能，或者说获得保险过程的烦琐。因此，可以看出，现在农户对保障体系了解的匮乏以及缺乏居安思危的保障意识，同时侧面反馈了我国农业保险制度的不完善。

同样的，对其他选项进行统计分析，得到被访农户的最高学历50%在初中水平，这使得他们接受农村金融知识政策程度的具有局限性。同时，通过对婚姻情况和健康情况以及家庭人数的统计分析，结果表明被访农户总体的家庭情况都很稳定，且80%的农户都享受到政府的粮食补贴。

三、农户的财务状况、经营成果

农户的基本情况方面主要设置了收入项：种植、养殖、打工、经商、工资性收入等12项；支出项：生产性支出、日常生活、子女上学费用等7项；资产项：房产价值、车辆价值、银行存款等8项；负债项：高利贷、零息借款等4项，共计31项。

通过种植收入、养殖收入等收入类选项及银行存款、房屋价值等资产类项目反映了农户的资金拥有量及获取能力。

通过生产性支出、日常生活支出等选项来衡量农户消费的倾向。

通过银行贷款、高利贷等负债情况衡量农户的借贷情况。

通过对调查问卷的整理分析，得到农户收入比例如图2－2所示。

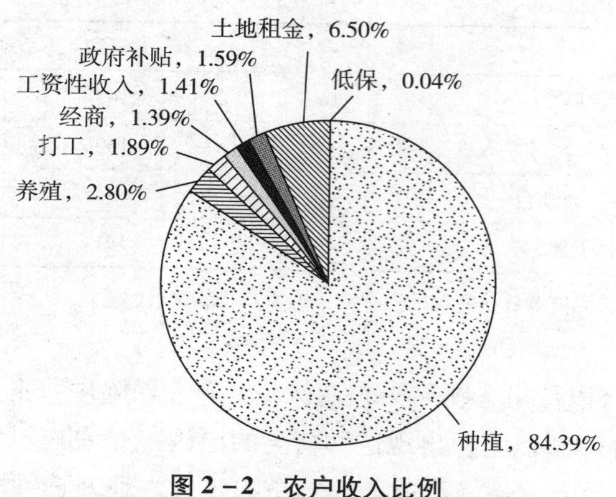

图2－2　农户收入比例

由图2－2可以明显看出，农户的主要收入源于种植所得，其比例达到总收入的84.39%。

同理可得农户支出项目的比例分布，如图2－3所示。

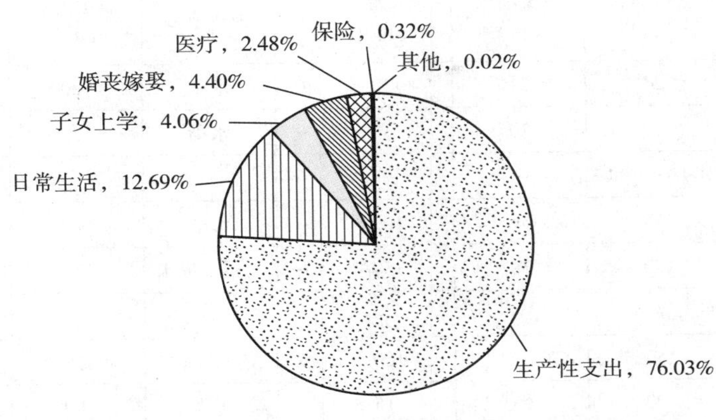

图2－3　农户支出比例

图2－3显示，农户的主要支出即为生产性支出，占总支出的76.03%。综合图2－2的结论，可以看出农户的主要收入和支出还是以种植、生产为主，这样就使得农户的收入受自然环境及技术水平影响较大。结合图2－1的年龄分布，我们发现大多农户年龄主要集中于40～60岁左右，这个年龄的农户对于技术的掌握及现代化农业生产信息的把握并不成熟且获取渠道狭窄，因此会影响农户的资金周转，进而增加农户小额贷款的需求。

至于农户资金拥有情况，主要集中于房屋价值，并不能用于农户需要贷款时的资金周转。且贷款方面，农户现阶段的贷款途径主要来自银行贷款，但是银行对于农户贷款的供给比例远达不到需求比例。

四、农户的生产经营情况

以上表明农户主要的收入是种植收入，支出主要为生产性支出，因此，本小节对农户的生产经营进行具体的统计分析。

本章调查问卷的农户生产经营情况的选项设置分别有耕地面积、自家面积、承包面积、种植项目、出租面积、用水量、农业用电量以及农忙天数等28个选项。具体见表2－3。

表 2-3　农户生产经营情况

农户项目	耕地面积（亩）	自家面积（亩）	承包面积（亩）	…	种植项目	农忙天数（天）	化肥施用量（斤/亩）
农户 1	24	24	130	…	水稻	120	100
农户 2	20	20	130	…	水稻	120	100
…	…	…	…	…	…	…	…
农户 120	140	39	100	…	水稻	120	150
农户 121	190	38	150	…	水稻，玉米	140	100
…	…	…	…	…	…	…	…
农户 248	150	50	100	…	大豆、玉米	120	4
农户 249	90	65	15	…	玉米	90	90

资料来源：内蒙古兴安盟扎赉特旗的三个乡镇的农户贷款调查问卷。

农户经营的面积包括耕地面积，自家面积及承包的面积，均值分别为106亩、25亩和125亩，可见，农户所经营的土地规模并不大，且90%的农户不了解土地流转经营的新政策，流转中也不签订土地流转合同。每年农忙平均时间为120天，投入大，产出少，会造成农户短期资金流转不畅的情况。

五、农户借贷的基本情况

农户借贷的基本情况主要设置了“您是否需要借款”“如果您需要借款，您首选的融资渠道”“您未能从银行申请过贷款的主要原因”“如果选择向银行申请贷款，您更倾向于哪家银行”及“您认为银行通过哪些方面评价您的还款能力”等14个选项。

通过“您是否需要借款”“您是否从银行申请过贷款”等选项反映农户的贷款的基本需求情况。

通过“如果您需要借款，您首选的融资渠道”“如果选择向银行申请贷款，您更倾向于哪家银行”等选项反映农户贷款的主要需求渠道以及需求倾向。

通过“您未能从银行申请过贷款的主要原因”“您认为银行通过哪些方面评价您的还款能力”等选项反映农户成功获得贷款的可能性因素。

通过“您对正规金融机构贷款的评价”“您对正规金融机构不满意的原因”等选项反映农户贷款中遭遇的阻碍。

在表2－4农户借贷的基本情况统计中，有74.29%的农户需要借款，可见，现在农户的贷款需求大。69.08%的农户如果贷款，首选的融资渠道是银行，有28.11%的农户会选择向亲戚朋友的零息借款。只有剩余的少部分农户会选择小额贷款公司和民间高利贷。表明现在农户对小额贷款的需求还主要依赖于银行，如果银行不能正确评估农户的信用情况进行放贷，那么将会大大降低农户贷款成功的概率，影响农村经济的发展。

表2－4　　农户借贷基本情况

农户项目	是否需要借款	首选融资渠道	是否申请过贷款	…	贷款金额（万元）	期待的贷款规模（万元）	审批时间（天）
农户1	是	银行	是	…	5	20	10
农户2	是	银行	是	…	4	10	30
…	…	…	…	…	…	…	…
农户120	是	银行	是	…	11	11	15
农户121	是	银行	是	…	11	20	10
…	…	…	…	…	…	…	…
农户248	是	银行	是	…	3	18	21
农户249	是	银行	是	…	5	20	60

资料来源：内蒙古兴安盟扎赉特旗的三个乡镇的农户贷款调查问卷。

申请过小额贷款的农户中，有49.80%的农户未获得银行批准，没有借贷成功，有23.32%的农户获得了银行的贷款，但贷款金额规模达不到农户的实际需求。用于农业生产贷款的农户比例达到被调查农户的55.02%。经调查统计，农户贷款更倾向于向农业银行和农村信用社贷款，主要原因是利率低。而且农户对现有的正规金融机构不满意的主要原因也是贷款利率高，因此商业银行对农户小额贷款体系的准确的评估以及合理的放贷优惠政策对于农户成功获得贷款且降低未还风险都有重大的意义。

六、农户抵押、担保情况

农户成功借到贷款的一项重要衡量标准就是抵押担保状况，在农户的借贷基本情况中，最后一个选项是“如果有一家农业信贷担保公司可以为您做信用担保贷款，您是否愿意与其合作”。91.26%的农户都选择了非常愿意。可见，大部分农户意识到抵押担保在贷款过程中的重要作用。因此，我们设置抵押、担保模块，了解农户的抵押担保状况。

农户抵押、担保情况主要设置了“您不愿意参与土地抵押融资的原因是什么?”“您是否参加联保小组”“您不参加联保的原因”以及“您是否使用过联保贷款”等共15个选项。

农户拥有的最多也最可能作为担保的即为土地，但是许多贷款农户并不会将土地作为抵押物品，经调查问卷统计，农户不愿意参与土地抵押融资的原因如图2－4所示。

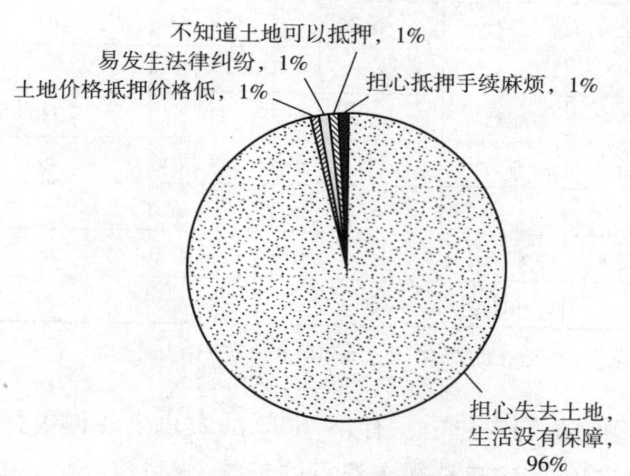

图2－4　不愿意参与土地抵押融资的原因

由图2－4所示，农户不愿意参与土地抵押融资的主要原因是“担心失去土地，生活没有保障”，其选择比例达到总调查人数的96%。这个选择的比例反映出农户对于贷款按时归还以及有能力归还的不肯定。

现在农户最常用的抵押担保方式就是参加联保小组，提高农户的贷款效率和成功率。内蒙古兴安盟扎赉特旗的三个乡镇的农户参加联保小组的情况如表 2 – 5 所示。

表 2 – 5　　农户参加联保情况

调查选项	是	否	合计
是否愿意参加联保小组	186	63	249
是否已经参加了联保小组	207	42	249
是否使用过联保贷款	195	54	249
是否存在过多户借贷、一户使用的情况	12	237	249

资料来源：内蒙古兴安盟扎赉特旗的三个乡镇的农户贷款调查问卷。

由表 2 – 5 可以看出，愿意参加联保小组的农户个数为 186 个，占总农户的 74.70%，已经参加了联保小组的农户个数为 207 个，占总农户的 83.13%，使用过联保贷款的农户个数为 195 个，占总农户的 78.31%。由统计数据可知，多数农户愿意并且已经参加了联保小组，表明农户的借贷需求强烈，因此多数农户选择加入联保小组以求提高借贷的成功率。

显然，现阶段农户提高自身借贷成功的概率的主要途径就是参加联保小组。但是参加农户联保小组的农户初衷始终是保障自身利益，没有深刻意识到联保小组的职能和作用。在“联保小组某一成员未能按时偿还贷款时，你是否愿意替其偿还?”这一问题的整理中发现，有 56.24% 的农户选择非常不愿意。且经调查显示，参加联保小组成员的家庭资产规模情况差不多，这也表明一旦发生某农户不能偿还贷款时，小组成员的损失会很重。因此，从长远利益看，现阶段模式下的联保小组并不是一个持久的有效之策。也就是说，农户的抵押担保情况不容乐观。

七、农户违约情况

农户违约情况是本研究后续章节农户小额贷款信用等级评价中重要的决策指标，调查农户的违约情况，主要目的是对农户的信用状况有一个初步的了解。

农户违约情况主要设置了“您是否被银行评为信用用户”“您每月是否会接收到银行催收贷款的短信”“您认为违约对您最大的惩罚是什么?”以及“您更看重诚信还是眼前利益?”等12个选项。

农户具体的违约情况如表2-6所示。

表2-6 农户违约情况

调查选项	是	否	合计
是否被银行评为信用用户	172	75	247
是否有过违约或延期还款现象	32	213	245
是否接收到银行催收贷款短信	48	201	249
是否有信贷员上门催收欠款	34	202	236

资料来源：内蒙古兴安盟扎赉特旗的三个乡镇的农户贷款调查问卷。

由表2-6所示，被调查的农户中，被银行评为信用用户的农户达69.64%，可见，农户的信用水平较好，且违约或者延期还款的农户比例也较小。虽然只是三个乡镇的数据，但也在一定程度上反映出农户贷款的信用水平。但是金融机构对农户放贷需要衡量的不只是农户的信用情况，还有农户的还款能力、还款意愿等。因此，多方面的考核进一步增加了农户贷款难度。

八、农户社会基本情况

上文提到农户的还款能力也是银行放贷需要衡量的标准之一，农户社会基本情况主要反映的就是农户的还款能力。

农户社会基本情况主要设置了“是否可以从亲戚那借来钱、借款金额、是否需要利息”“您是否重视朋友对您的评价”“您与村里人之间的关系”以及“您在村里的地位”等22个选项。主要情况如表2-7所示。

表 2-7　　农户社会基本情况

农户项目	您经常来往的亲戚数	在县城或城市的亲戚数	是否可以从亲戚那借来钱	…	关系亲密朋友的个数	在村里的地位	是否可以从同村人借来钱
农户 1	3	2	是	…	3	普通	是
农户 2	3	1	是	…	4	普通	是
…	…	…	…	…	…	…	…
农户 120	11	5	是	…	5	有一定地位	是
农户 121	10	2	是	…	5	普通	是
…	…	…	…	…	…	…	…
农户 248	19	10	是	…	4	村中事物会参考我的意见	否
农户 249	10	8	是	…	10	普通	是

资料来源：内蒙古兴安盟扎赉特旗的三个乡镇的农户贷款调查问卷。

由表 2-7 所示，主要调查农户的社会关系情况，分别是与亲戚、朋友、同村人的关系亲密程度及能否借来借款以及借款的金额及是否需要支付利息等。表 2-7 表明被调查农户从亲戚、朋友和同村可以较容易借来一部分资金，但是金额数目较小，1 000 ~5 000 元居多，少部分农户可以借到 1 万 ~3 万元。这对农户从正规金融机构借贷难问题的解决起到的作用不大，但一定程度上可以缓解农户的借贷危机。

以上，从问卷的七个方面阐述农户小额贷款的需求现状及需求特点。农户贷款需求的主要特点：一是资金额度变大；二是主要用途用于农业生产，并向用途多元化发展，主要表现在农户创业、开店等方式；三是贷款手段多样化，农户的贷款手段已不局限于简单的保证、抵押贷款，实际借贷中会倒逼农村信用社创新金融产品等。

第四节　农户贷款供给情况及特点

农户贷款供给情况主要从农户普惠金融情况方面进行阐述。普惠金融情况内容设置包含“银行数”“网点数”“贷款功能网点数”“ATM 机数”“您家与最近的金融机构距离”等 24 个选项。

由表 2－8 所示，内蒙古兴安盟扎赉特旗的三个乡镇的贷款功能网点数、ATM 机数的数量分布不均，且数量偏少，同时还有手机业务、上网业务的办理 80.23% 的农户都选择了无。可见，从金融机构网点及业务的安排来看，并没有从便利程度上满足农户的资金需求。

表 2－8　　　　普惠金融情况

选项	贷款功能网点数（个）	ATM 机数（台）	与最近的金融机构的距离（公里）	…	对银行业务及贷款政策的了解程度	政府是否有专人对惠农新政策进行讲解
农户 1	2	3	0.1	…	知道一点	从未讲解
农户 2	4	1	0.1	…	一点不知道	从未讲解
…	…	…	…	…	…	…
农户 120	1	0	6	…	一般了解	讲解过多次
农户 121	1	1	8	…	非常了解	讲解次数不多
…	…	…	…	…	…	…
农户 248	5	2	2	…	比较了解	讲解次数不多
农户 249	2	1	18	…	比较了解	从未讲解

资料来源：内蒙古兴安盟扎赉特旗的三个乡镇的农户贷款调查问卷。

从贷款政策，政府惠农政策来看，普及程度不大，53.76% 的农户还处于一般了解、知道一点的阶段，这对于农户贷款的指导性不大，因而会降低农户贷款成功率。

本小节主要从农户贷款机构的位置、方便程度及银行政策及政府出台的农户贷款政策的践行情况分析金融机构对农户小额贷款的供给情况及特点。并没有从各大机构的实际贷款数额及给农户的放贷次数分析。因为从上一节的需求分析中，我们已经大概了解到了农户贷款的期待数额与实际获得数额的差距。

经过本节分析，正规金融机构对农户贷款的供给不能根据农户的实际情况进行有效合理的评估，给予促进农村经济发展应得的贷款。一定程度上，金融机构对农户的放贷不能满足农户的实际需要。

第五节 农户小额贷款需求与贷款供给的矛盾分析

从调查结果看，内蒙古兴安盟扎赉特旗的三个乡镇的金融机构一定程度上还无法满足农户小额贷款需求。现在的信贷机构对农户小额贷款的约束主要包含两个方面，一是有现实的贷款需求的农户不能获得正规贷款；二是获得的正规贷款规模要小于农户贷款实际的规模。根据此处调查问卷的结果显示，有贷款需求的农户中，未能获得正规金融机构贷款的农户约占49.8%，而在获得正规金融机构贷款的农户中，23.32%的农户所获的贷款金额并不能满足实际需求。农户贷款难问题主要体现在信贷结构异常、供需渠道障碍和政策支持不足三个方面。

产生农户贷款供需矛盾的主要原因一是市场竞争激烈，互联网时代商业银行的竞争不容忽视，对农户放贷的利润并不可观。二是贷款成本偏高，较高的贷款利率抑制了农户的贷款需求。三是信息不对称，农村信用社作为距离大多数农户最近的正规金融机构，常常会发生当地信贷人员口头提出贷款农户的一些不符合条件，农户便认为是申请被拒，而农村信用社却认为农户没能正式提出申请等现象。

因此针对农户贷款的供需不平衡的问题，本研究后续章节通过定量分析建立农户小额贷款信用等级评价指标体系、农户小额贷款信用评价模型、农户小额贷款信用评级模型，旨在给正规金融机构提供一个合理科学的借贷需求及还贷能力的评价体系，进一步缓解供需不平衡的问题。

第六节　本章小结

一、主要工作

（1）农户小额贷款情况调查问卷设计的内容有：个人基本情况、财务状况及经营成果、生产经营情况、借贷基本情况、抵押、担保情况、违约情况、社会资本情况及普惠金融情况八大方面。本章所使用的数据来自内蒙古兴安盟扎赉特旗的好力保乡、音德尔镇、二龙山乡的调研数据，共发放了400份问卷，回收有效农户调查问卷249份。通过调查问卷的农户基本情况、财务状况和经营成果、生产经营情况等七大方面对农户小额贷款的需求情况进行了描述及分析。

（2）通过调查问卷的普惠金融情况对农户小额贷款的供给情况进行阐述及分析。

（3）结合调查问卷的农户小额供需分析的结果，对农户小额贷款的供需矛盾特点及原因进行了分析。

二、主要结论

内蒙古兴安盟扎赉特旗的三个乡镇的农户小额贷款需求的主要结论有：

（1）在购买农业保险、商业保险项目上，农户选择否比例达到了总数的60%以上，出现这种情况的原因有两个：一是农户对保险知识了解得过少，认为保险投入就是浪费资金；二是购买过农业及商业保险的并没有享受到该有的保险功能，或者说获得保险过程的烦琐。因此，可以看出，现在农户对保障体系了解的匮乏以及缺乏居安思危的保障意识。

（2）对农户学历选项进行统计分析，得到被访农户的最高学历50%在初中水平，这使得他们接受农村金融知识政策程度的具有局限性。对婚姻情况和健康情况以及家庭人数的统计分析，结果表明被访农户总体的家庭情况都很稳定，且80%的农户都享受到政府的粮食补贴。

（3）农户的主要收入源于种植所得，其比例达到总收入的84.39%。农户的主要支出即为生产性支出，占总支出的76.03%。农户的主要收入和支出还是以种植、生产为主，这样就使得农户的收入受自然环境及技术水平影响较大。结合年龄分布，我们发现大多农户年龄主要集中于40~60岁左右，这个年龄的农户对于技术的掌握及现代化农业生产信息的把握并不成熟且获取渠道狭窄，因此会影响农户的资金周转，进而增加农户小额贷款的需求。

（4）农户经营的面积包括耕地面积，自家面积及承包的面积，均值分别为106亩、25亩和125亩，可见，农户所经营的土地规模并不大，且90%的农户不了解土地流转经营的新政策，流转中也不签订土地流转合同。每年农忙平均时间为120天，投入大，产出少，会造成农户短期资金流转不畅的情况。

（5）对于农户资金拥有情况，主要集中于房屋价值，而房屋价值并不能用于农户需要贷款时的资金周转。且贷款方面，农户现阶段的贷款途径主要来自银行贷款，但是银行对于农户贷款的供给比例远达不到需求比例。

（6）在农户借贷的基本情况统计中，有74.29%的农户需要借款，可见，现在农户的贷款需求大。69.08%的农户如果贷款，首选的融资渠道是银行，有28.11%的农户会选择向亲戚朋友的零息借款。只有剩余的少部分农户会选择小额贷款公司和民间高利贷。表明现在农户对小额贷款的需求还主要依赖于银行，如果银行不能正确评估农户的信用情况进行放贷，那么将会大大降低农户贷款成功的概率，影响农村经济的可持续发展。

（7）申请过小额贷款的农户中，有49.80%的农户未获得银行批准，没有借贷成功，有23.32%的农户获得了银行的贷款，但贷款金额规模达不到农户的实际需求。用于农业生产贷款的农户比例达到被调查农户的55.02%。经调查统计，农户贷款更倾向于向农业银行和农村信用社贷款，主要原因是利率低。而且农户对现有的正规金融机构不满意的主要原因也是贷款利率高，因此商业银行对农户小额贷款体系的准确评估以及合理放贷优惠政策对于农户成功获得贷款且降低未还风险都有重大的意义。

（8）“如果有一家农业信贷担保公司可以为您做信用担保贷款，您是否愿意与其合作”，91.26%的农户都选择了非常愿意。可见，大部分农户意识到抵押担保在贷款过程中的重要作用。农户不愿意参与土地抵押融资的主要原因是“担心失去土地，生活没有保障”，其选择比例达到总调查人数的96%。这个选择的比例反映出农户对于贷款按时归还以及有能力归还的不肯定。

（9）愿意参加联保小组的农户个数为186个，占总农户的74.70%，已经参加了联保小组的农户个数为207个，占总农户的83.13%，使用过联保贷款的农户个数为195个，占总农户的78.31%。由统计数据可知，多数农户愿意并且已经参加了联保小组，表明农户的借贷需求强烈，因此多数农户选择加入联保小组以求提高借贷的成功率。

（10）显然，现阶段农户提高自身借贷成功的概率的主要途径就是参加联保小组。但是参加农户联保小组的农户初衷始终是保障自身利益，没有深刻意识到联保小组的职能和作用。在“联保小组某一成员未能按时偿还贷款时，你是否愿意替其偿还?”这一问题的整理中发现，有56.24%的农户选择非常不愿意。且经调查显示，参加联保小组成员的家庭资产规模情况差不多，这也表明一旦发生某农户不能偿还贷款时，小组成员的损失会很重。因此，农户的抵押担保情况不容乐观。

（11）被调查的农户中，被银行评为信用用户的农户达69.64%，可见，农户的信用水平较好，且违约或者延期还款的农户比例也较小。虽然只是三个乡镇的数据，但也在一定程度上反映出农户贷款的信用水平。但是金融机构对农户放贷需要衡量的不只是农户的信用情况，还有农户的还款能力、还款意愿等等。因此，多方面的考核进一步增加了农户贷款难度。

（12）被调查农户从亲戚、朋友和同村可以较容易借来一部分资金，但是金额数目较小，1 000~5 000元居多，少部分农户可以借到1万~3万元。这对农户从正规金融机构借贷难问题的解决起到的作用不大，但一定程度上可以缓解农户的借贷危机。

（13）内蒙古兴安盟扎赉特旗的三个乡镇的贷款功能网点数、ATM机数的数量分布不均，且数量偏少，同时还有手机业务、上网业务的办理80.23%的农户都选择了无。可见，从金融机构网点及业务的安排来看，并没有从便利程度上满足农户的资金需求。

（14）从贷款政策、政府惠农政策来看，普及程度不大，53.76%的农户还处于一般了解、知道一点的阶段，这对于农户贷款的指导性不大，因而会降低农户从商业银行贷款的成功率。

（15）农户贷款需求的主要特点一是资金额度变大；二是主要用途用于农业生产，并向用途多元化发展，主要表现在农户创业、开店等方式。三是贷款手段多样化，农户的贷款手段已不局限于简单的保证、抵押贷款，实际借贷中会倒逼农村信用社创新金融产品等。

内蒙古兴安盟扎赉特旗的三个乡镇的农户小额贷款供给的主要结论有：

内蒙古兴安盟扎赉特旗三个乡镇的信贷机构对农户小额贷款的供给特点包含两个方面：一是有现实贷款需求的扎赉特旗三个乡镇的农户不能获得正规贷款；二是获得的正规贷款规模要小于扎赉特旗三个乡镇的农户贷款实际的规模。根据调查问卷的结果显示，有贷款需求的农户中，未能获得正规金融机构贷款的农户约占 49.8%，而在获得正规金融机构贷款的农户中，23.32%的农户所获的贷款金额并不能满足实际需求。

第三章
基于信用状态显著判别的农户小额贷款信用等级评价指标体系

第一节　问题的提出

农户小额贷款信用等级评价指标的构建是指筛选出信息不重复，同时要反映农户的清偿能力与还款意愿，即可以显著区分违约状态的信用等级评价指标。最终构建的农户小额贷款信用等级评价指标体系需要体现金融界公认的5C 原则，即品质（character）、能力（capacity）、资本（capital）、担保（collateral）、经营环境（condition）五个方面。构建一套科学合理的农户小额贷款信用等级评价指标体系不仅有利于农户小额贷款信用风险的测算，还有利于农村、农业、农民的“三农”问题的解决。一旦构建的农户小额贷款信用等级评价指标体系不合理，那么基于该评价指标体系得到的一切结论与测算都将失去意义。

现有农户小额贷款信用等级评价指标体系研究不足有三：一是由于我国农户小额贷款客户居住分散、财务信息不健全、贷款额度小等特点和难点，农户小额贷款信用等级评价指标体系仍不完善。二是现有研究的指标筛选方法无法保证最终构建的每一个信用等级评价指标都能显著区别违约客户与非违约客户。三是现有研究的信用等级评价指标体系忽略了指标之间的信息重复性，仅有的少数文献在运用相关分析时主观删除了信息重复的指标，容易造成对违约状态判别能力大的信用等级评价指标被误删除。

为了弥补现有研究的不足，完善农户小额贷款信用等级评价指标体系，本章以某商业银行的内蒙古农户小额贷款信息为数据来源，将国内外信用等级评价指标体系的流行文献为海选指标来源，结合农户小额贷款的特点，通过 Brown – Mood 中位数检验、Moses 方差检验以及 Kendall 秩相关检验筛选出具有违约状态判别能力的且精简的农户小额贷款信用等级评价指标体系。最终构建包含 10 个信用等级评价指标的农户小额贷款信用等级评价指标体系，并与 5C 要素模型进行了对应分析。

创新与特色一是构建了一套精简的可以显著区分农户违约状态同时能反映农户小额贷款特点的农户小额贷款信用等级评价指标体系。二是最终构建的农户小额贷款信用等级评价指标体系与 5C 要素模型一一对应，表明评价指标体系的合理性。三是最终建立的农户小额贷款信用等级评价指标体系用 23% 的指标反映 85% 的原始信息。

第二节 农户小额贷款信用等级评价指标体系构建原理

一、海选与初步海选思路

（一）准则层的设置

以国际公认的品质、能力、资本、担保、经营环境的 5C 原则为基础构建农户小额贷款信用等级评价指标体系的准则层。

一是通过基本情况、还款意愿等准则反映 5C 原则中的农户品质与农户能力。

二是通过还款能力准则反映5C原则中的农户资本。

三是通过保证联保准则反映5C原则中的农户担保。

四是通过宏观环境准则反映5C原则中的农户经营环境。

（二）指标层的设置

一是通过年龄、贷款用途、贷款人的纯收入等指标反映国内外金融机构的农户信用高频指标。

二是通过学历、有无违约、社会信誉状况等指标反映农户品质。

三是通过生产性收入、贷款人及其家庭的技能状况、劳动力人数等指标反映农户能力。

四是通过农村家庭人均纯收入、年净收入是人均GDP的倍数、贷款人经营纯收入等指标反映农户资本。

五是通过是否有保证、保证人员实力、联保成员关系等指标反映农户担保。

六是通过居民消费价格指数、地区GDP增长率、居民储蓄存款余额、恩格尔系数等指标反映农户经营环境。

（三）初步筛选思路

初步筛选是指将不能获得样本观测值的海选农户小额贷款信用等级评价指标进行删除，例如农户的健康状况、技术帮扶力度等指标是无法观测获得的，因此删除。对能获得大部分样本观观测值（缺失值不超过样本容量的1/10）的农户小额贷款信用等级评价指标进行中位数插值补齐，对补齐后和完全能获得样本观测值的海选农户小额贷款信用等级评价指标进行后续的量化筛选。

二、定量筛选原理

（一）Brown－Mood中位数检验与Moses方差检验的双重筛选原理

通过Brown－Mood中位数检验方法反映每一个农户小额贷款信用等级评

价指标是否能从中心位置角度显著区别违约客户与非违约客户的定量筛选思路。Brown－Mood中位数检验的作用是对初步筛选后的每一个农户小额贷款信用等级评价指标进行违约样本与非违约样本的中位数是否有差异的检验，如果违约样本与非违约样本的中位数有差异，则表明该农户小额贷款信用等级评价指标能显著区分农户违约状态。

通过Moses方差检验分析方法反映每一个农户小额贷款信用等级评价指标是否能从离散程度角度显著区分农户违约状态的定量筛选思路。Moses方差检验的作用是对初步筛选后的每一个农户小额贷款信用等级评价指标进行违约样本与非违约样本的方差是否有差异的检验，如果违约样本与非违约样本的方差有差异，则证明该农户小额贷款信用等级评价指标能够显著区分农户的违约状态。

Brown－Mood中位数检验＋Moses方差检验的双重筛选原理是指：对每个农户小额贷款信用等级评价指标联系进行Brown－Mood中位数检验和Moses方差检验，如果某个农户小额贷款信用等级评价指标既能从中位数角度又能从方差角度显著区分违约客户与非违约客户，则该信用等级评价指标将被第一轮的定量筛选保留，同时证明该信用等级评价指标具有违约状态判别能力，否则该信用等级评价指标将被删除并证明该信用等级评价指标不具有违约状态判别能力。

（二）Kendall秩相关分析筛选原理

通过Kendall秩相关分析方法反映农户小额贷款信用等级评价指标的信息不重复的定量筛选思路。Kendall秩相关分析的作用是在同一类别的农户小额贷款信用等级评价指标中筛选出反映信息不重复且对违约状态判别能力强的信用等级评价指标。经Kendall秩相关分析保留的农户小额贷款信用等级评价指标就是本章最终构建的农户小额贷款信用等级评价指标体系。

农户小额贷款信用等级评价指标体系的构建原理见图3－1。

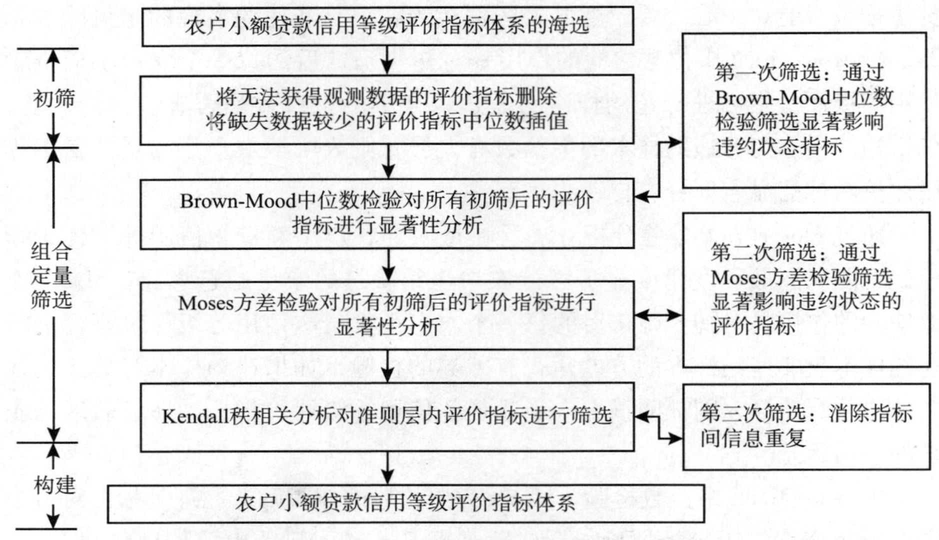

图3－1　农户小额贷款信用等级评价指标体系构建原理

第三节　农户小额贷款信用等级评价指标体系构建方法

一、评价指标海选及初步筛选

（一）评价指标海选

根据某商业银行可获取到的内蒙古农户信用信息字段，在国内外流行学术文献的农户小额贷款信用等级评价指标的高频指标基础上[35～47]，结合农户小额贷款的特点，海选出包括劳动力人数、银行存款、地区GDP增长率等56个农户小额贷款信用等级评价指标。海选的指标名称和指标类型分别见表3－1第（3）列和第（4）列，对应的参考文献列于表3－1的第（5）列。

表 3-1　　　　农户小额贷款信用等级评价指标海选集

(1) 序号	(2) 准则层	(3) 指标层	(4) 指标类型	(5) 参考文献	(6) 筛选结果
1	基本情况	年龄	区间	[35~40] [42~43]	组合删除
…		…	…	…	…
13		民事行为能力	定性	[35~40] [42~43]	可观测删除
14	还款能力	贷款人及其家庭的技能状况	定性	[35~40] [42~43]	保留
…		…	…	…	…
30		种养方面受乡级及以上政府部门表彰	—	[35~42]	可观测删除
31	还款意愿	居住状况	定性	[35~36] [42]	组合删除
…		…	…	…	…
43		是否入股	—	[35~40] [42~43]	可观测删除
44	保证联保	是否有保证	定性	[35] [41~47]	Kendall 秩相关删除
…		…	…	…	…
47		联保关系	定性	[35~40] [42~43]	保留
48	宏观环境	农村家庭人均纯收入	正向	[38] [40~43]	组合删除
…		…	…	…	…
56		地区政府政策	—	[35~40] [42~43]	可观测删除

（二）评价指标初步筛选

在表 3-1 第（3）列中，有部分农户小额贷款的信用等级评价指标的数据无法获得，如民事行为能力、是否入股、地区政府政策等指标。有部分农户小额贷款信用等级评价指标的数据观察值有缺少，有部分农户小额贷款信用等级评价指标是可以通过定性打分定量化的指标。

初步筛选方法：（1）直接删除无法获得样本数据的部分农户小额贷款信用等级评价指标；（2）对于缺失个数不超过样本总数 1/10 的部分农户小额

贷款信用等级评价指标使用该指标的中位数进行插值补齐，对于缺失个数超过样本总数 1/10 的部分农户小额贷款信用等级评价指标直接删除；（3）使用定性指标的定量信息得到海选农户小额贷款信用等级定性评价指标的标准化得分。

经过初步筛选，农户小额贷款信用等级评价指标由海选的 56 个指标变为 44 个指标，初步筛选删除了 12 个指标。

二、评价指标数据标准化

（一）正向型信用等级评价指标的数据标准化公式

正向型信用等级评价指标是指指标数值大小与小额贷款农户的信用状况具有正向关系的指标。

设：y_{ij}为第 i 个小额贷款农户的第 j 个信用评价指标的标准化打分值，x_{ij}为第 i 个小额贷款农户的第 j 个信用评价指标的观测值，s 为小额贷款农户的数目。则该类型指标的标准化公式为[86]：

$$y_{ij} = \frac{x_{ij} - \min\limits_{1 \leqslant i \leqslant s}(x_{ij})}{\max\limits_{1 \leqslant i \leqslant s}(x_{ij}) - \min\limits_{1 \leqslant i \leqslant s}(x_{ij})} \tag{3-1}$$

（二）负向型信用等级评价指标的数据标准化公式

负向型信用等级评价指标是指指标数值大小与小额贷款农户的信用状况具有负向关系的指标。

设：y_{ij}为第 i 个小额贷款农户的第 j 个信用评价指标的标准化打分值，x_{ij}为第 i 个小额贷款农户的第 j 个信用评价指标的观测值，s 为小额贷款农户的数目。则该类型指标的标准化公式为[86]：

$$y_{ij} = \frac{\max\limits_{1 \leqslant i \leqslant s}(x_{ij}) - x_{ij}}{\max\limits_{1 \leqslant i \leqslant s}(x_{ij}) - \min\limits_{1 \leqslant i \leqslant s}(x_{ij})} \tag{3-2}$$

（三）区间型信用等级评价指标的数据标准化公式

区间型信用等级评价指标是指指标数值在最佳区间内取值的农户小额贷

款信用等级评价指标。

设：y_{ij}为第i个小额贷款农户的第j个信用评价指标的标准化打分值，x_{ij}为第i个小额贷款农户的第j个信用评价指标的观测值，s为小额贷款农户的数目；z_1为区间的左区间端点，z_2为区间的右区间端点。则该类型指标的标准化公式为[86]：

$$y_{ij}=\begin{cases}1-\dfrac{z_1-x_{ij}}{\max(z_1-\min\limits_{1\leqslant i\leqslant s}(x_{ij}),\ \max\limits_{1\leqslant i\leqslant s}(x_{ij})-z_2)}, & x_{ij}<z_1\\ 1-\dfrac{x_{ij}-z_2}{\max(z_1-\min\limits_{1\leqslant i\leqslant s}(x_{ij}),\ \max\limits_{1\leqslant i\leqslant s}(x_{ij})-z_2)}, & x_{ij}>z_2\\ 1, \ z_1\leqslant x_{ij}\leqslant z_2 & \end{cases} \tag{3-3}$$

根据农户小额贷款的特点，农户小额贷款信用等级评价指标中的农户年龄的最佳区间是［31，45］[86]。根据宏观经济运行的一般规律，农户小额贷款信用等级评价指标中的居民消费价格指数的最佳区间是［101，105］[86]。

（四）定性的信用等级评价指标打分

表3－1海选的农户小额贷款信用等级评价指标中包括婚姻状况、贷款用途等定性指标。农户小额贷款信用等级评价指标中的定性指标的标准化数据无法通过打分公式（3－1）～（3－3）计算，农户小额贷款中的定性指标的打分标准见表3－2。

表3－2　定性指标打分标准

指标层	选项标号及内容	打分
婚姻状况	1）已婚有子女	1.00
	2）已婚无子女	0.80
	3）单身	0.40
	4）离异无子女	0.20
	5）离异有子女	0.00
…	…	…

续表

指标层	选项标号及内容	打分
社会信誉状况	1）户主有较高社会声望及荣誉，家庭在社会上有较高的信誉评价或被乡镇为“双文明户”或“五好家庭”等	1.00
	2）户主社会声望及荣誉良好，家庭在社会上有良好的信誉评价	0.75
	3）家庭在社会上有一定的信誉评价	0.50
	4）家庭在社会上没有负面评价	0.25

（五）评价指标的 K－S 分布检验

检验目的：若农户小额贷款信用等级评价指标的分布是正态分布，则应使用参数统计方法来筛选农户小额贷款信用等级评价指标；若农户小额贷款信用等级评价指标的分布不是正态分布，则应使用非参数统计方法来筛选农户小额贷款信用等级评价指标。

设：D_k 为第 k 个农户小额贷款信用等级评价指标的检验统计量取值；$F_k(x)$为第 k 个农户小额贷款信用等级评价指标的经验分布函数[83]；μ_k 为第 j 个农户小额贷款信用等级评价指标的平均值；σ_k 为第 j 个农户小额贷款信用等级评价指标的标准差。则 D_k 为[87]：

$$D_k = \max \left| F_k(x) - \frac{1}{\sigma_k \sqrt{2\pi}} \int_{-\infty}^{x} e^{-\frac{(t-\mu_k)^2}{2\sigma_k^2}} \mathrm{d}t \right| \qquad (3-4)$$

检验方法：将 D_k 的检验概率 P 值与显著性水平 0.01 比较大小，若 P 值小于 0.01，则第 k 个农户小额贷款信用等级评价指标不服从正态分布；若 P 值大于等于 0.01，则第 k 个农户小额贷款信用等级评价指标服从正态分布。

以下实证结果证明：本研究的可观测农户小额贷款信用等级评价指标都不服从正态分布，因此本研究构建的农户小额贷款信用等级评价指标体系的研究方法全部基于非参数统计的理论与方法。

三、第一次定量筛选的 Brown－Mood 中位数检验法

Brown－Mood 中位数检验的计算步骤如下：

（1）提出 Brown – Mood 中位数检验的原假设 H_0：第 i 个农户小额贷款信用等级评价指标的违约样本中位数与不违约样本中位数相等。

（2）中位数检验统计量 B_i 的计算。设：B_i 为第 i 个农户小额贷款信用等级评价指标的中位数检验统计量值，$i=1，2，\cdots，m$；A_i 为第 i 个评价指标违约样本中大于混合样本中位数的个数；t_i 为第 i 个评价指标非违约样本中大于混合样本中位数的个数；n 为小额贷款的农户样本数；m 为农户小额贷款信用等级评价指标个数。则 B_i 为[87]：

$$B_i = \frac{A_i - mt_i/(m+n)}{\sqrt{mnt_i(m+n-t_i)/(m+n)^3}} \tag{3-5}$$

（3）检验方法：若第 i 个农户小额贷款信用等级评价指标中位数检验统计量 B_i 的检验概率 P 值大于等于显著性水平 0.01，则接受原假设 H_0，进而删除第 i 个农户小额贷款信用等级评价指标；若第 i 个农户小额贷款信用等级评价指标中位数检验统计量 B_i 的检验概率 P 值小于显著性水平 0.01，则拒绝原假设 H_0，进而保留第 i 个农户小额信用等级评价指标。

四、第二次定量筛选的 Moses 方差检验法

Moses 方差检验的计算步骤如下：

（1）提出 Moses 方差检验的原假设 H_0：第 i 个农户小额贷款信用等级评价指标的违约样本方差与非违约样本方差相等。

（2）方差检验统计量 M_i 的计算。设：M_i 为第 i 个农户小额贷款信用等级评价指标的方差检验统计量值，$i=1，2，\cdots，m$；S_i 为将第 i 个农户小额贷款信用等级评价指标的违约样本随机分成 m_1 组，违约样本 m_1 组平方和的秩和；m_{1i}为第 i 个农户小额贷款信用等级评价指标的违约样本随机分成 m_1 组。则 M_i 为[87]：

$$M_i = \frac{S_i - m_{1i}(m_{1i}+1)}{2} \tag{3-6}$$

式（3 –6）与式（3 –5）的作用不同，其原因为：式（3 –5）是从中位数比较的角度筛选农户小额贷款信用等级评价指标，式（3 –6）是从方差比较的角度筛选农户小额贷款信用等级评价指标。

式（3-6）与式（3-5）组合筛选的作用是：将既显著区别违约样本中位数与非违约样本中位数又显著区别违约样本方差与非违约样本方差的农户小额贷款信用等级评价指标筛选出来，确保筛选出的农户小额贷款信用等级评价指标具有显著的违约状态判别能力，避免单一检验方法不能有效识别真正具有违约状态判别能力的信用评价指标。

（3）检验方法：若方差检验统计量 M_i 的检验概率 P 值大于等于显著性水平0.01，则接受原假设 H_0，进而删除第 i 个农户小额贷款信用等级评价指标；若方差检验统计量 M_i 的检验概率 P 值小于显著性水平0.01，则拒绝原假设 H_0，进而保留第 i 个农户小额贷款信用等级评价指标。

五、Brown-Mood 中位数检验+Moses 方差检验的组合筛选

Brown-Mood 中位数检验+Moses 方差检验的组合筛选的情况如下：

（1）如果 Brown-Mood 中位数检验的检验结果为“中位数保留”，同时 Moses 方差检验的检验结果为“方差保留”，则 Brown-Mood 中位数检验+Moses 方差检验的组合筛选的结果为“组合保留”。

（2）如果 Brown-Mood 中位数检验的检验结果为“中位数保留”，同时 Moses 方差检验的检验结果为“方差删除”，则 Brown-Mood 中位数检验+Moses 方差检验的组合筛选的结果为“组合删除”。

（3）如果 Brown-Mood 中位数检验的检验结果为“中位数删除”，同时 Moses 方差检验的检验结果为“方差保留”，则 Brown-Mood 中位数检验+Moses 方差检验的组合筛选的结果为“组合删除”。

（4）如果 Brown-Mood 中位数检验的检验结果为“中位数删除”，同时 Moses 方差检验的检验结果为“方差删除”，则 Brown-Mood 中位数检验+Moses 方差检验的组合筛选的结果为“组合删除”。

经组合保留的农户小额贷款信用等级评价指标将进行下一轮的信息重复筛选，经组合删除的农户小额贷款信用等级评价指标不再进行筛选，直接删除。

六、第三次定量筛选的 Kendall 秩相关方法

Kendall 秩相关的计算步骤如下：

（1）计算 Kendall 秩相关系数。设：r_{sk}为第 s 个农户小额贷款信用等级评价指标与第 k 个农户小额贷款信用等级评价指标的 Kendall 秩相关系数，$s=1, 2, \cdots, m_2$，$k=1, 2, \cdots, m_2$；y_{si}为第 s 个农户小额贷款信用等级评价指标的第 i 个农户样本；y_{sj}为第 j 个小额贷款农户的第 s 个信用等级评价指标；y_{ki}为第 i 个小额贷款农户的第 k 个信用等级评价指标；n 为小额贷款农户的样本数目；m_2 为经中位数检验和方差检验保留的评价指标数目。则 r_{sk}为[88]：

$$r_{sk} = \frac{2}{n(n-1)} \sum_{1 \leqslant i < j \leqslant n} \text{sign}[(y_{si} - y_{sj})(y_{ki} - y_{kj})] \qquad (3-7)$$

式（3－7）的经济含义：反映了农户小额贷款信用等级评价指标间的信息重复程度。

（2）Kendall 秩相关的筛选方法：当第 s 个农户小额贷款信用等级评价指标与第 k 个农户小额贷款信用等级评价指标的 Kendall 秩相关系数 r_{sk}的显著性检验概率值 p 小于 0.01 时，说明这两个信用等级评价指标在 0.01 水平下显著相关，此时删除二者之中的其中一个，通过比较信息重复指标的 Brown－Mood 中位数检验统计量 B 的大小，客观删除 Brown－Mood 中位数检验统计量 B 的检验概率值大的农户小额贷款信用等级评价指标。

七、指标体系构建合理性的判定标准

本研究借鉴因子分析方法中由数据方差反映指标信息含量的思路，建立了农户小额贷款信用等级评价指标体系构建合理性的判定标准，以求用较少的农户小额贷款信用等级评价指标反映更多的信用等级评价指标的原始信息。

设 In 为经筛选后的农户小额贷款信用等级评价指标对海选指标的信息贡献率；trS 为协方差矩阵的迹，表示协方差矩阵主对角线上的各个指标方差之和；S 为筛选后的农户小额贷款信用等级评价指标的协方差矩阵；q 为筛选后的农户小额贷款信用等级评价指标的个数；h 为海选的农户小额贷款信用等

级评价指标的个数。则筛选后的农户小额贷款信用等级评价指标对海选指标的信息贡献率为[89]：

$$In = trS_q/trS_h \tag{3-8}$$

公式（3－8）的含义是筛选后的 q 个农户小额贷款信用等级评价指标方差之和 trS_q 占全部农户小额贷款信用等级评价指标方差之和 trS_h 的比值，表示筛选后的农户小额贷款信用等级评价指标反映海选的原始农户小额贷款信用等级评价指标的信息量。

公式（3－8）是借鉴因子分析数据方差反映指标信息含量的思路构建了农户小额贷款信用等级评价指标体系构建合理性的判定标准，进而解决了缺乏指标体系构建定量判定标准的问题。

八、指标体系构建方法与现有研究的区别

本研究指标体系构建方法与现有研究的主要区别有二，分别为：

（1）选取显著区分违约状态的评价指标的方法不同。现有研究的评价指标的筛选往往凭借单一方法从总体样本的判断正确率出发，并没有将违约样本与非违约样本数据异同的情况考虑在内，导致筛选结果不够全面和客观。本研究将违约样本与非违约样本区分开，分别从中位数角度及方差角度筛选农户小额贷款信用等级评价指标，确保筛选出的每一个农户小额贷款信用等级评价指标既能从中心位置显著区分违约状态，又能从离散程度显著区分违约状态。

（2）删除信息重复的农户小额贷款信用等级评价指标的方法不同。现有研究多采用相关分析、偏相关分析、共线性检验等方法来删除信息重复的信用等级评价指标。当两个评价指标的相关系数较大时，往往主观删除其中一个指标，会造成误删对违约状态影响更大的信用等级评价指标。本研究通过 Kendall 秩相关分析，在同一类别的农户小额贷款信用等级评价指标中筛选出反映信息不重复且对违约状态判别能力强的信用等级评价指标。当两个信用等级评价指标显著性相关时，根据中位数检验统计量的检验概率大小来删除对违约状态区分能力相对较弱的农户小额贷款信用等级评价指标。

本研究指标体系构建方法的特色有二，分别为：

（1）通过 Brown – Mood 中位数检验与 Moses 方差检验结合，组合保留既可以从中心位置又可以从离散程度显著区分违约状态的农户小额贷款信用等级评价指标。

（2）通过 Kendall 秩相关分析与 Brown – Mood 中位数检验结合，既删除了反映信息重复的指标，又避免了误删对违约状态影响大的农户小额贷款信用等级评价指标。

第四节　农户小额贷款信用等级评价指标体系的构建

一、信用等级评价指标体系构建的基础

（一）农户小额贷款样本数据选取

使用某商业银行的内蒙古农户小额贷款的数据作为本研究的建模样本，经过初步筛选后的农户小额贷款信用等级评价指标为 44 个，农户小额贷款的样本为 440 个，其中违约的农户样本为 40 个，非违约的农户样本为 400 个。如表 3 – 3 所示，表 3 – 3 第 1 ~ 44 行为各个信用等级评价指标的信息，表 3 – 3 第 45 行是农户小额贷款样本的违约状态辨识。其中违约样本用 1 标识，非违约样本用 0 标识。

（二）信用等级评价指标标准化处理

按照表 3 – 1 第（4）列的农户小额贷款信用等级评价指标的所属类型，如果信用等级评价指标类型为正向，那么将表 3 – 3 的农户小额贷款的信用等级评价指标的原始数据 x_{ij} 代入公式（3 – 1）；如果信用等级评价指标类型为负向，那么将表 3 – 3 第（4）~（443）列的农户小额贷款的信用等级评价指标的原始数据 x_{ij} 代入公式（3 – 2）；如果信用等级评价指标类型为区间型，那么将表 3 – 3 第（4）~（443）列的农户小额贷款的信用等级评价指标的原始

数据 x_{ij} 代入公式（3－3）；如果信用等级评价指标类型为定性，那么将表3－3第（4）~（443）列的农户小额贷款的信用等级评价指标的原始数据 x_{ij} 按照表3－2的打分标准进行打分，最后得到所有农户小额贷款信用等级评价指标的标准化数值 y_{ij}，结果列于表3－3。

表3－3　农户小额贷款信用等级评价指标数据及K－S检验P值

(1) 序号	(2) 准则层	(3) 指标层	原始数据			标准化数据			(884) p值
			(4) 样本1	…	(443) 样本440	(444) 样本1	…	(883) 样本440	
1	基本情况	年龄	35	…	44	1.000	…	0.895	0.000
…		…	…	…	…	…	…	…	…
11		房屋价值（万元）	4	…	12	0.104	…	0.311	0.000
12	还款能力	贷款人及其家庭的技能	4	…	2	0.250	…	0.500	0.000
…		…	…	…	…	…	…	…	…
24		贷款人的子女年教育费用（万元）	0.280	…	1.751	0.840	…	0.840	0.000
25	还款意愿	居住状况	1	…	1	1.000	…	1.000	0.000
…		…	…	…	…	…	…	…	…
34		社会信誉状况	0.250	…	0.250	0.250	…	0.250	0.000
35	保证联保	是否有保证	0	…	0	0.000	…	0.000	0.000
…		…	…	…	…	…	…	…	…
38		联保关系	2	…	0	0.800	…	0.500	0.000
39	宏观环境	农村家庭人均纯收入（万元）	0.486	…	0.451	0.245	…	0.531	0.000
…		…	…	…	…	…	…	…	…
44		恩格尔系数	0.363	…	0.399	0.714	…	0.577	0.000
45	违约状态		0	…	1	0	…	1	—

（三）农户小额贷款信用等级评价指标的 K – S 正态检验

将表 3 – 3 第（444）~（883）列标准化数据按行代入公式（3 – 4），得到 44 个农户小额贷款信用等级评价指标的 K – S 检验的检验概率 P 值，结果列于表 3 – 3 第（884）列。由表 3 – 3 第（884）列的结果可以看出，所有农户小额贷款信用等级评价指标的 K – S 检验概率 P 值都小于 0.01，因此可以得出如下结论：44 个农户小额贷款信用的等级评价指标都是非正态分布，44 个农户小额贷款信用等级评价指标的定量筛选必须选用非参数统计的秩理论和秩方法。

二、信用等级评价指标的定量筛选

（一）Brown – Mood 中位数检验的第一次定量筛选

将表 3 – 3 第（444）~（883）列标准化数据按行代入计算公式（3 – 5），计算得到每个农户小额贷款信用等级评价指标的 Brown – Mood 中位数检验统计量 B_i 对应的检验概率 P_B 值，结果填入表 3 – 4 第（4）列，P_B 值与显著性水平 0.01 比较大小，若 P_B 值小于 0.01，则第 i 个农户小额贷款信用等级评价指标可以显著区分违约状态，从而在表 3 – 4 第（5）列以“中位数保留”字样标记；若 P 值大于等于 0.01，则第 i 个农户小额贷款信用等级评价指标无法显著区分违约状态，从而在表 3 – 4 第（5）列以“中位数删除”标记。

（二）Moses 方差检验的第二次定量筛选

将表 3 – 3 第（444）~（883）列标准化数据按行代入计算公式（3 – 6），计算得到每个农户小额贷款信用等级评价指标的 Moses 方差检验统计量 M_i 对应的检验概率 P_M 值，结果填入表 3 – 4 第（6）列。将表 3 – 4 第（6）列的检验概率 P_M 值与显著性水平 0.01 比较大小，若 P_M 值小于 0.01，则第 i 个农户小额贷款信用等级评价指标可以显著区分违约状态，从而在表 3 – 4 第（7）列以“方程保留”标记；若 P 值大于等于 0.01，则第 i 个农户小额贷款信用等级评价指标无法显著区分违约状态，从而在表3－4第（7）列以“方差删除”字样标记。

表3－4　　中位数检验和方差检验

(1) 序号	(2) 准则层	(3) 指标层	(4) P_B 值	(5) P_B 筛选结果	(6) P_M 值	(7) P_M 筛选结果	(8) 组合筛选结果
1	基本情况	年龄（岁）	1.000	中位数删除	0.000	方差保留	组合删除
…		…	…	…	…	…	…
11		房屋价值（万元）	0.094	中位数删除	0.000	方差保留	组合删除
12	还款能力	贷款人及其家庭的技能状况	0.005	中位数保留	0.000	方差保留	组合保留
…		…	…	…	…	…	…
24		贷款人子女年教育费用（元）	0.435	中位数删除	0.000	方差保留	组合删除
25	还款意愿	居住状况	1.000	中位数删除	0.000	方差保留	组合删除
…		…	…	…	…	…	…
34		社会信誉状况	0.002	中位数保留	0.000	方差保留	组合保留
35	保证联保	是否有保证	0.797	中位数删除	0.000	方差保留	组合删除
…		…	…	…	…	…	…
38		联保关系	0.005	中位数保留	0.000	方差保留	组合保留
39	宏观环境	农村家庭人均纯收入（万元）	0.636	中位数删除	0.000	方差保留	组合删除
…		…	…	…	…	…	…
44		恩格尔系数	0.003	中位数保留	1.000	方差删除	组合删除

（三）Brown－Mood 中位数检验＋Moses 方差检验的组合筛选

如果表3－4第（5）列和第（7）列的检验结果为“中位数保留”和“方差保留”，则在表3－4第（8）列标记为“组合保留”，如果表3－4第

(5) 列和第 (7) 列的检验结果中有一个是删除，则在表3-4第 (8) 列标记为“组合删除”。

表3-4第 (8) 列显示，对44个农户小额贷款信用等级评价指标进行双重筛选，直接删除了31个农户小额贷款信用等级评价指标，组合保留了13个农户小额贷款信用等级评价指标，结果在表3-1第 (6) 列以“组合保留”字样标出。被组合保留的13个农户小额贷款信用等级评价指标进行最后一轮筛选。

(四) Kendall 秩相关分析的第三次定量筛选

将表3-4第 (8) 列的组合保留的13个农户小额贷款信用等级评价指标进行 Kendall 秩相关分析的第三次定量筛选。将此13个农户小额贷款信用等级评价指标的标准化数据代入公式 (3-7)，得到同一准则层内任意两个评价指标的 Kendall 秩相关系数的显著性相关检验概率值，将 Kendall 秩相关系数显著性相关检验概率值小于0.01对应的两个评价指标以及 Kendall 秩相关系数显著性相关检验概率值列入表3-5第 (2)、(4)、(6) 列。

表3-5　　Kendall 秩相关分析

(1) 序号	(2) 相关指标 s	(3) P_s 值	(4) 相关指标 k	(5) P_k 值	(6) 相关系数检验值 P_r	(7) 删除指标名称
1	成员人数	0.005	劳动力人数	0.001	0.000	成员人数
2	劳动力人数	0.001	家庭人数/劳动力人数	0.004	0.000	家庭人数/劳动力人数
3	地区 GDP 增长率	0.002	居民储蓄存款余额	0.008	0.000	居民储蓄存款余额

表3-5第 (3)、(5) 列是对应农户小额贷款信用等级评价指标的 Brown-Mood 中位数检验统计量 B 的检验概率值。将表3-5第 (3) 列表3-5第 (5) 列对应的数值进行大小比较，最终保留两个信息重复指标中 Brown-Mood 中位数检验统计量 B 的检验概率值小的信用等级评价指标，删除两个信息重复指标中 Brown-Mood 中位数检验统计量 B 的检验概率值大的信用等级评价指标，删除的指标名称直接在表3-5第 (7) 列用“删除指标名称”标注，同时在表3-1第 (6) 列以“Kendall 秩相关删除”字样标出。

表3－5第（7）列显示：Kendall秩相关分析删除了13个农户小额贷款信用等级评价指标中的3个指标，剩余的10个农户小额贷款信用等级评价指标是本研究最终保留的农户小额贷款信用等级评价指标，结果在表3－1第（6）列以“保留字样”标出。

三、指标体系构建合理性的判定

根据表3－3第（4）～（443）列的农户小额贷款信用等级评价指标的原始数据计算每个信用等级评价指标的方差，然后分别计算最终的农户小额贷款信用等级评价指标的方差之和与海选的农户小额贷款信用等级评价指标方差之和，将二者代入公式（3－8），得到最终构建的农户小额贷款信用等级评价指标的信息贡献率为：

$$In = 11\ 667\ 904/13\ 726\ 945 = 85\%$$

即最终构建的农户小额贷款信用等级评价指标体系以23%（10/44）的指标反映了85%的原始信息，因此表明本研究构建的农户小额贷款信用等级评价指标体系的合理性。

第五节　最终建立的农户小额贷款信用等级评价指标体系

一、农户小额贷款信用等级评价指标体系与“5C”模型对比分析

最终构建的农户小额贷款信用等级评价指标体系列于表3－6第（a）～（b）列。将农户小额贷款信用等级评价指标体系与金融界普遍认可的品质、能力、资本、担保、经营环境等信用评价指标原则进行对比分析，结果列于表3－6的第（1）～（5）列。表3－6第（1）～（5）列显示，本研究构建的农户小额贷款信用等级评价指标体系的10个指标覆盖了金融界普遍认可的“5C”模型的每一个方面。

表 3－6 农户小额贷款信用等级评价指标体系与5C 的对应关系

序号	(a) 准则层	(b) 指标	与5C 要素对应				
			(1) 品质	(2) 能力	(3) 资本	(4) 担保	(5) 环境
1	基本情况	学历	√				
…		…	…	…	…	…	…
3		自有房屋价值			√		
4	还款能力	贷款人及其家庭的技能状况		√			
…		…	…	…	…	…	…
6		农业生产性收入			√		
7	还款意愿	银行存款			√		
8		社会信誉状况	√				
9	保证联保	联保关系				√	
10	宏观环境	地区 GDP 增长率					√

通过学历和社会信誉状况等农户小额贷款信用等级评价指标反映农户的品质。

通过劳动力人数和贷款人及其家庭的技能状况等农户小额贷款信用等级评价指标反映农户的能力。

通过自有房屋价值、总资产、农业生产性收入以及银行存款等农户小额贷款信用等级评价指标反映农户的资本。

通过联保关系等农户小额贷款信用等级评价指标反映担保。

通过地区 GDP 增长率等农户小额贷款信用等级评价指标反映经营环境。

二、最终建立的农户小额贷款信用等级评价指标体系的特色

（1）构建的农户小额贷款信用等级评价指标体系反映了农户小额贷款的特点。一是通过劳动力人数、银行存款、农民生产性收入等农户小额贷款信用等级评价指标反映小额贷款农户的偿还能力。二是通过联保关系等农户小额贷款信用等级评价指标反映小额贷款农户的抵质押担保状况。三是通过地

区 GDP 增长率等农户小额贷款信用等级评价指标反映地区宏观经济发展对小额贷款农户的清偿能力的影响。

（2）构建的农户小额贷款信用等级评价指标体系用 23% 的信用等级评价指标反映了 85% 的原始信息。

（3）通过 Brown－Mood 中位数检验和 Moses 方差检验的结合，从中心位置及离散程度双重角度考虑，删除了对违约状态区分不显著的农户小额贷款信用等级评价指标。

（4）通过 Kendall 秩相关分析与 Brown－Mood 中位数检验结合，删除了反映信息重复的农户小额贷款信用等级评价指标，避免误删对违约状态判别能力强的农户小额贷款信用等级评价指标。

第六节　本 章 小 结

一、主要工作

（1）构建了农户小额贷款信用等级评价指标体系。以某商业银行可获取的内蒙古农户小额贷款数据为研究对象，结合国内外权威机构及流行文献的高频指标，通过 Brown－Mood 中位数检验和 Moses 方差检验的结合、Kendall 秩相关分析与 Brown－Mood 中位数检验的结合，筛选出显著区分违约农户与非违约农户且信息不重复的农户小额贷款信用等级评价指标，最终构建了包含学历、劳动力人数、自有房屋价值、贷款人及其家庭的技能情况、农业生产性收入、总资产、银行存款、社会信誉状况、联保关系以及地区 GDP 增长率在内的 10 个信用等级评价指标的农户小额贷款信用等级评价指标体系。

（2）构建的农户小额贷款信用等级评价指标体系体现了内蒙古农户小额贷款的特点。通过劳动力人数、银行存款、农民生产性收入等农户小额贷款信用等级评价指标反映小额贷款农户的偿还能力。通过联保关系等农户小额贷款信用等级评价指标反映小额贷款农户的抵质押担保状况。通过地区 GDP

增长率等农户小额贷款信用等级评价指标反映地区宏观经济发展对小额贷款农户的清偿能力的影响。

二、主要结论

（1）筛选出显著区分违约农户与非违约农户其信息不重复的评价指标，以某商业银行的内蒙古农户小额贷款数据为基础的实证结果表明学历、劳动力人数、自有房屋价值、贷款人及其家庭的技能情况、农业生产性收入、总资产、银行存款、社会信誉状况、联保关系以及地区 GDP 增长率等农户小额贷款信用等级评价指标可以显著区分违约农户和非违约农户。

（2）最终构建的内蒙古农户小额贷款信用等级评价指标体系用 23% 的信用等级评价指标反映了 85% 的原始信息。

三、主要特色

（1）构建了包含学历、成员人数、居民储蓄存款等 10 个信用状态显著判别下的内蒙古农户小额贷款信用等级评价指标体系。

通过 Brown – Mood 中位数检验，从中心位置角度出发删除中位数检验统计量的检验概率值在 0. 01 水平下不显著的农户小额贷款信用等级评价指标。通过 Moses 方差检验，从离散程度角度出发删除方差统计量的检验概率值在 0. 01 水平下不显著的农户小额贷款信用等级评价指标。通过组合保留的规则，筛选出显著区分违约农户与非违约农户的农户小额贷款信用等级评价指标体系。

研究结果表明：学历、成员人数、劳动力人数、自有房屋价值、家庭人数/劳动力人数、贷款人及其家庭技能情况、总资产、农业生产性收入、银行存款、社会信誉状况、联保关系、地区 GDP 增长率、居民储蓄存款 13 个农户小额贷款信用等级评价指标可以显著区分违约农户和非违约农户。

（2）通过 Kendall 秩相关分析与 Brown – Mood 中位数检验相结合删除信息重复的信用等级评价指标，构建了精简的农户小额贷款信用等级评价指标体系，用 23% 的农户小额贷款信用等级评价指标反映了 85% 的原始信息。

通过 Kendall 秩相关分析与 Brown－Mood 中位数检验相结合删除同一个准则层内在 0.01 水平下显著相关且中位数统计量检验概率大的农户小额贷款信用等级评价指标，保证筛选出的评价指标可以显著区分违约状态且无重复信息。最终构建的内蒙古农户小额贷款信用等级评价指标体系用 23% 的指标反映了 85% 的原始信息。

第四章 基于支持向量机的农户小额贷款信用评价模型

第一节 问题的提出

农户小额贷款信用评价模型是根据第三章建立的农户小额贷款信用等级评价指标体系，从违约判别能力、信用评价得分高低两个层面对农户小额贷款信用风险进行评价。为金融机构决定是否向农户发放小额贷款提供理论依据，有利于金融机构对农户小额贷款信用风险进行有效、合理的监控。

现有农户小额贷款信用评价主要存在两个方面的问题，一是简单应用线性加权方法测算农户小额贷款信用指标的权重，忽略了样本数据线性不可分的情况，即农户小额贷款信用评价指标与信用评价得分间的非线性映射关系。二是选取的信用评价指标赋权方法，无法根据违约判别能力的大小来区分权重的大小，降低了评价结果的可信度。

因此，在第三章的农户小额贷款信用等级评价指标体系构建的基础上，确立了违约农户与非违约农户间距离越大，则农户小额贷款信用评价指标的权重越大的信用等级指标评价的思路，构建了两类农户小额贷款信用评价模型，分别是农户小额贷款违约判别模型和农户小额贷款信用得分评价模型。

创新与特色一是选取对于少量样本具有较好的分类性能的代价敏感支持向量机方法，选取最优的惩罚系数，优化了违约判别模型的容错率，提高了样本违约状态的判别精度。二是通过支持向量机回归算法，测算农户小额贷款信用等级评价指标的权重，体系了违约样本与非违约样本差距越大，权重越大的思路。三是通过高斯径向基核函数将农户小额贷款信用等级评价指标空间映射到高维特征空间，解决了农户小额贷款客户评价影响因素非线性赋权问题。避免了现有研究中通过简单线性加权测算信用评分导致的信用等级评价指标与评价结果间的真实关系无法表达的缺陷。

第二节　农户小额贷款信用评价的两类问题

一、违约状态的判别问题

（一）违约状态问题的定义

根据第三章建立的农户小额贷款信用等级评价指标体系，判断农户小额贷款客户是否违约。换言之，农户小额贷款信用等级评价结果只有两个值，即：0 为不违约；1 为违约。

（二）研究的目的

通过支持向量机分类模型，以第三章建立的农户小额贷款信用等级评价指标体系为基础，判别农户小额贷款客户的违约状态。

（三）研究的作用

通过代价敏感支持向量机分类模型将农户小额贷款客户分为违约客户与非违约客户两类，为金融机构初步筛选客户提供理论依据。

（四）研究的思路

通过选取最优的惩罚参数，平衡支持向量机分类模型的训练误差泛化能力，提高农户小额贷款的违约判别精度。

二、信用评价得分

（一）信用评价得分问题的含义

根据第三章构建的农户小额贷款信用等级评价指标体系，测算农户小额贷款信用等级评价指标权重，进而得到农户小额贷款信用等级评价得分，即：评价结果是 0 ~ 100 间的连续数值。

（二）研究的目的

通过支持向量机的回归模型对农户小额贷款信用等级评价指标进行非线性赋权，并将其代入评价得分方程，得到农户小额贷款客户的信用评价得分。

（三）研究的作用

通过对农户小额贷款客户的信用评价得分进行排序，保证了非违约客户之间信用状况的可比较性。

（四）研究的思路

（1）通过支持向量机的回归模型，确定违约客户与非违约客户间差异越大，则农户小额贷款信用等级评价指标的权重越大的权重测算思路，保证了评价方程中农户小额贷款信用等级评价指标权重数值的合理性。

（2）通过高斯径向基核函数将农户小额贷款信用等级评价指标空间映射到高维特征空间，解决了农户小额贷款客户评价影响因素非线性赋权问题。

（五）为违约状态判别的区别

上文的农户小额贷款的违约判别只是给出农户小额贷款客户的违约与否预测值，即模型整体违约状态的判别准确率，但是无法比较每个农户小额贷款客户的信用状况的优劣。

农户小额贷款信用等级评价得分是对农户小额贷款客户的信用评分进行排序，保证无论违约客户还是非违约客户均可以进行信用状况的比较。

三、两类评价问题的相互关系

本章的两类农户小额贷款信用评价问题分别从“违约状态的判别”“信用评价得分的排序”等方面来研究农户小额贷款信用等级风险评价问题，两部分内容紧密相连、逐渐深入。

上文的“违约状态判别问题”是农户小额贷款信用等级评价的基础，将农户小额贷款客户分成违约客户与非违约客户两类，并通过农户小额贷款客户违约判别的准确率表明违约判别模型的合理性，为金融机构初步筛选贷款客户提供理论依据。对应的模型详见“农户小额贷款违约判别模型的构建”。

上文的“信用评价得分问题”是违约状态判别的进一步拓展，解决了违约状态判别模型不能区分非违约客户信用状况优劣的问题。对应的模型详见“农户小额贷款信用评价得分模型的构建”。

第三节　农户小额贷款信用评价模型的构建方法

一、选取支持向量机建立模型的原因

支持向量机是近几年发展逐渐成熟的数据挖掘方法，精于处理小样本的线性及非线性分类的问题。与现有的流行的统计方法的区别在于[89]：

（1）支持向量机方法基本上不涉及概率测度及大数定律等，巧妙地避免了应用前数据假设等烦琐步骤。

（2）支持向量机方法从本质上避开了传统的由归纳到演绎的过程，简化了一般的分类以及回归问题。

本研究选取支持向量机的主要原因有三：

（1）与 Logistic 回归等传统的统计方法相比，支持向量机对数据不需要进行分布假设且分类精度高[90]。

（2）在处理不平衡分类问题上，支持向量机的分类效果明显优于随机森林等方法[90]。

（3）支持向量机的预测精度会因为过多的输入无关变量产生影响，因此经过第三章农户小额贷款信用等级评价指标的构建，删除了对违约状态无影响的指标，可以显著提高支持向量机的分类精度。

二、农户小额贷款违约判别模型的构建方法

（一）违约判别模型的基本情况

农户小额贷款违约判别模型解决的是农户小额贷款信用等级评价的第一类问题：违约状态的判别问题。

如前所述，农户小额贷款违约判别模型的目的：根据建立的农户小额贷款信用等级评价指标体系，判断农户小额贷款客户是否违约。

农户小额贷款违约判别模型的作用：将农户小额贷款客户分为两类：违约客户与非违约客户，为金融机构初步筛选农户小额贷款客户提供理论依据。

支持向量机分类模型的实质[91]：针对线性可分数据，给出一个求解最大间隔的方法；针对非线性可分数据，通过核函数将原始训练数据映射到某一高维空间，进而搜索到原始训练集在新的维度下的最优分离超平面，转变为线性可分。支持向量机分类模型通过搜索最大边缘超平面来找到具有最小分类误差的分类。

选取代价敏感支持向量机分类模型构建农户小额贷款违约判别模型的原因：通过选取最优的惩罚系数，优化了一般支持向量机分类模型的容错率，提高农户小额贷款违约状态的判别精度。

（二）支持向量机分类模型原理

1. 数据线性可分的情况

最简单的分类器形式就是线性分类器，以图 4-1 来解释二维空间两类样本分类问题。

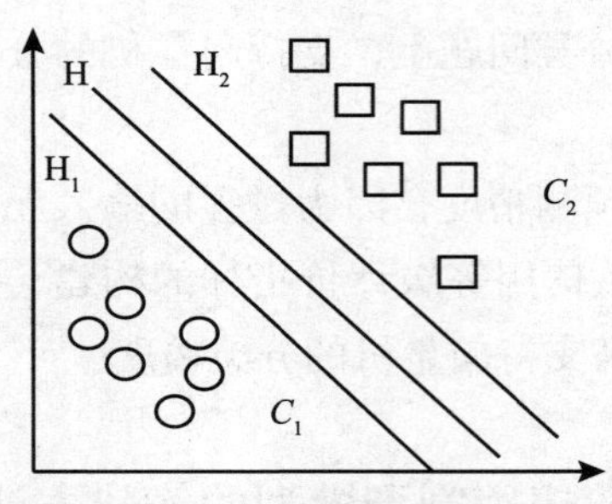

图 4－1　支持向量机模型示意图

图 4－1 中，C_1 和 C_2 是准备区分的两个类别，以本研究的农户小额贷款客户为例，C_1 代表违约的农户小额贷款客户，C_2 代表非违约的农户小额贷款客户。二维平面中它们的样本分布如图 4－1 所示，中间的直线 H 表示一个分类函数，可以将两类样本完全分开。如果这个函数是线性函数，则这些数据是线性可分的，否则为非线性可分。

实际上，一个线性函数是一个实值函数，而分类问题需要离散的输出值，例如用 1 表示某个样本属于类别 C_1，而用 0 表示某个样本不属于 C_1 也就是属于 C_2，此时限制一个阈值，通过分类函数运行时获得的值与限制的阈值的大小来确定类别的属性。

设 x 为农户小额贷款客户样本的向量，w 为空间维度向量（本研究中为二维向量），b 为阈值，则线性函数为[92]：

$$g(x) = w \cdot x + b \tag{4-1}$$

公式（4－1）的作用：用来判别类别归属的线性分类函数。

定义阈值为 0，则分类的直线表达式为 $g(x)=0$，即 $wx+b=0$，此时，这个函数定义为分类超平面。支持向量机分类模型的核心是寻求最优的分类超平面。

由图 4－1 可以看出，将分界线 H 稍微旋转或者平移一下都可以达到分类的效果，此时，寻求一个所谓的“分类间隔”来衡量最优的分界线尤其重要。

为了确定最优超平面，找两个边缘侧面，使得超平面到两个边缘侧面的距离相等，且两个边缘侧面与超平面平行，则两个边缘侧面间的距离即为两个类别之间的分类间隔，如图 4－1 所示的 H_1 和 H_2。令 x_i－样本向量（维数很高），y_i 为分类标签，二元线性分类中，y_i 只有两个值，即 1 为样本属于这个类，-1 为样本不属于这个类，n - 农户小额贷款用户的个数。则样本点到某个超平面的间隔为：

$$\delta_i = (w \cdot x_i + b)y_i, \ \forall i, \ i = 1, \cdots, n \tag{4-2}$$

公式（4-2）的含义：如果某个样本属于该类别的话，那么 $wx_i + b > 0$ 且 $y_i > 0$；若不属于该类别的话，那么 $wx_i + b < 0$ 且 $y_i < 0$。即 $y_i(wx_i + b)$ 总是大于 0 的，且它的值等于 $|wx_i + b|$，也就是 $|g(x_i)|$。

现在把 w 和 b 进行一下归一化，即用 $w/\|w\|$ 和 $b/\|w\|$ 分别代替原来的 w 和 b，那么原来的间隔变为几何间隔，即：

$$\delta_i = \frac{1}{\|w\|}|g(x_i)| \tag{4-3}$$

公式（4-3）的现实含义：H 是分类面，而 H_1 和 H_2 是平行于 H，且过离 *H* 最近的两类样本的直线，H_1 与 H，H_2 与 H 之间的距离就是几何间隔。

选定几何间隔，主要是因为几何间隔与样本的误分次数上界的反向关系。误分次数一定程度上代表分类器的误差，几何间隔决定着误分次数的上界，且几何间隔越大的解，分类器的误差上界越小。所以我们训练目标就是找到最大的几何间隔，换言之，固定几何间隔，寻找最小的 $\|w\|$。

求一个函数最值的问题都可以称为寻优问题又由于找最大值的问题总可以通过加一个负号变为找最小值的问题，因此想寻找最小的 $\|w\|$，可以建立 $\min \frac{1}{2}\|w\|^2$ 这样的目标函数。因此上述问题可表述为一个带约束的拉格朗日优化问题：

$$\begin{cases} \min \frac{1}{2}\|w\|^2 \\ \text{s.t.} \ (w \cdot x_i + b)y_i \geqslant 1 \end{cases} \tag{4-4}$$

公式（4-4）中约束条件的意义：使得样本点必须在 H_1 或 H_2 的某一侧（或者至少在 H_1 和 H_2 上），而不能跑到两者中间。把间隔固定为 1，这是指把所有样本点中间隔最小的那一点的间隔定为 1，也就意味着集合中的其他点间隔都不会小于 1。

构造拉格朗日函数如下：

$$L(w, b, \alpha) = \frac{1}{2}\|w\|^2 - \sum_{i=1}^{n} \alpha_i((w \cdot x_i + b)y_i - 1) \tag{4-5}$$

根据最优化理论，为求解原始问题，需转化为对偶问题来求解：

$$\begin{cases}\min\limits_{\alpha} \dfrac{1}{2}\sum\limits_{i,j=1}^{n}\alpha_i\alpha_j y_i y_j(x_i \cdot x_j) - \sum\limits_{i=1}^{n}\alpha_i \\ \text{s. t. } \sum\limits_{i=1}^{n} y_i\alpha_i = 0,\ \alpha_i \geqslant 0,\ i = 1,\ \cdots,\ n\end{cases} \tag{4-6}$$

求解公式（4－6），得到最优解 $\alpha^* = (\alpha_1^*,\ \cdots,\ \alpha_i^*,\ \cdots,\ \alpha_n^*)^T$，$\alpha_i^*$ 表示 α_i 的最优解；并据此计算出分类阈值 b^*。令 y_i 为向量 x_i 的分类标号；x^T 为测试样本。最终得到最优分类函数，即SVM决策模型，即：

$$y = \text{sgn}\{\sum_{i=1}^{n}\alpha_i^* y_i(x_i \cdot x^T) + b^*\} \tag{4-7}$$

$$b^* = y_i - \sum_{i=1}^{n} y_i\alpha_i^*(x_i \cdot x_j) \tag{4-8}$$

公式（4－7）的含义：输入测试集 x^T 后，根据由支持向量机计算得到的判别函数 $f(x)$，可以判别测试集所属的类型。

实际问题中的数据往往都是非线性可分的，进一步可以分为近似线性可分集合非线性可分集。针对这两个数据集，得到下面拓展的支持向量机理论。

2. 数据近似线性可分的情况

近似线性可分是指：所有的训练样本没有必要全部满足公式（4－4）中的约束条件，针对第 i 个训练点（x_i，y_i）引入松弛变量 $\xi_i \geqslant 0$，$i = 1$，⋯，n，反映此训练样本允许被错分的程度。于是，分类超平面的最优化问题可以描述为如下的二次规划问题：

$$\begin{cases}\min \dfrac{\|w\|^2}{2} + C\sum\limits_{i=1}^{n}\xi_i \\ \text{s. t. } (wx_i + b)y_i \geqslant 1 - \xi_i,\ \xi_i \geqslant 0\end{cases} \tag{4-9}$$

公式（4－9）的含义：目标函数分为“表现函数表达能力”的模型间隔即第一项 $\dfrac{\|w\|^2}{2}$ 和“模型经验风险体系”，即第二项 $C\sum\limits_{i=1}^{m}\xi_i$。

其中，C 为惩罚函数，C 越大表示对错误分类的惩罚越大。惩罚函数 C 实质上是对训练误差和间隔的平衡，当 C 趋向于∞时，近似线性可分的问题退化为线性可分的问题。最小化目标函数，体现了模型整体结构风险最小化的思想。与公式（4－4）中的约束相比，通过引进松弛变量 ξ_i，弱化了公式（4－9）中的约束条件。该分类超平面也称为软间隔超平面。

同样地，利用二次规划算法，可求得支持向量机的判别模型为：

$$y = \operatorname{sgn}\{ \sum_{i=1}^{n} \alpha_i^* y_i (x_i \cdot x^T) + b^* \} \tag{4-10}$$

求解得到的拉格朗日乘子 α_i^* 可能有如下几种情况：

（1）$\alpha_i^* = 0$。

（2）$0 < \alpha_i^* < C$，此时所对应的 x_i 为标准支持向量。

（3）$\alpha_i^* = C$，此时所对应的 x_i 为边界支持向量，是错分的训练样本点。

只有情形（2）和（3）所对应的支持向量对软间隔最优超平面和判别函数有贡献。

3. 数据非线性可分的情况

对于低维空间中非线性可分的数据，可以通过一个非线性映射 $\varphi(\cdot)$ 将原始数据映射到高维空间，适当的增加维度可以在高维空间中找到一个线性的划分面，将原始维度的非线性问题简化为高维空间的线性问题。

由公式（4－1）可知，映射到高维空间中得到的超平面为：

$$w \cdot \phi(x) + b = 0 \tag{4-11}$$

需要求解的最优化问题为：

$$\begin{cases} \min\limits_{\alpha} \dfrac{1}{2} \sum\limits_{i,j=1}^{n} \alpha_i \alpha_j y_i y_j (\phi(x_i) \cdot \phi(x_j)) - \sum\limits_{i=1}^{n} \alpha_i \\ \text{s. t. } \sum\limits_{i=1}^{n} y_i \alpha_i = 0,\ \alpha_i \geqslant 0,\ i = 1, \cdots, n \end{cases} \tag{4-12}$$

通过计算，最后得到分类判别函数，如下：

$$\begin{aligned} y &= \operatorname{sgn}(w^* \cdot \phi(x) + b^*) \\ &= \operatorname{sgn}(\sum_{i=1}^{n} y_i \alpha_i (\phi(x_i) \cdot \phi(x) + b^*) \end{aligned} \tag{4-13}$$

$$b^* = y_i - \sum_{i=1}^{n} y_i \alpha_i^* (\phi(x_i) \cdot \phi(x_j)) \tag{4-14}$$

由上述过程可以看出，训练样本仅出现在形如 $\varphi(x_i) \cdot \varphi(x_j)$ 的内积中，而 $\varphi(\cdot)$ 仅为一个非线性映射函数。对映射到新的高维空间中的样本求最大边缘超平面时，需要多次计算内积，为了减少计算量，引入了核函数 $K(x_i, x_j)$：

$$K(x_i, x_j) = \phi(x_i) \cdot \phi(x_j) \tag{4-15}$$

公式（4-15）的作用：将核函数 $K(x_i, x_j)$ 应用于原始训练样本完全等价于高维空间中样本的内积计算。利用核函数，不需要再考虑非线性变换 $\varphi(\cdot)$，便可实现样本的增维；同时实现了高维空间中相似度的简单计算方法。

目前研究最多的核函数主要有[93]：

多项式核函数：

$$K(x_i, x_j) = (x_i, x_j + c)^q \tag{4-16}$$

高斯径向基核函数：

$$K(x_i, x_j) = \exp\left(-\frac{\|x_i - x_j\|^2}{2\sigma^2}\right) \tag{4-17}$$

Sigmoid 型核函数：

$$K(x_i, x_j) = \tanh(\kappa x_i \cdot x_j - \delta) \tag{4-18}$$

一旦选定了核函数，最优化问题就转变为：

$$\begin{cases} \min\limits_{\alpha} \dfrac{1}{2}\sum\limits_{i,j=1}^{n} \alpha_i \alpha_j y_i y_j K(x_i \cdot x_j) - \sum\limits_{i=1}^{n} \alpha_i \\ \text{s.t.} \sum\limits_{i=1}^{n} y_i \alpha_i = 0,\ 0 \leqslant \alpha_i \leqslant C,\ i = 1, \cdots, n \end{cases} \tag{4-19}$$

从而得到分类判别函数：

$$y = \text{sgn}\left(\sum_{i=1}^{n} y_i \alpha_i K(x_i \cdot x) + b^*\right) \tag{4-20}$$

其中，b^* 的计算公式为：

$$b^* = y_i - \sum_{i=1}^{n} y_i \alpha_i^* K(x_i \cdot x_j) \tag{4-21}$$

对非线性可分数据采用支持向量机模型进行建模，核函数的选择会直接影响支持向量机的预测精度。本研究的后续数据处理中，均采用公式（4-17）所表示的高斯径向基核函数作为将低维数据映射到高维数据的核函数。

选取高斯径向基核函数主要是因为现在关于核函数的选取还缺乏成熟的理论指导原则，至今为止，各种实验的观察结果表明了某些问题应用某些核函数效果较好，用另一些核函数的效果较差等。但是一般来讲，高斯径向基核函数是不会出现太大偏差的一种核函数。

（三）代价敏感的支持向量机分类模型原理

综上，我们对一般的支持向量机分类模型原理有了初步的了解，且了解到惩罚系数 C 表示对错误分类的惩罚。但是实际运行中，对于农户小额贷款违约状态判别问题，样本错分为不同类的代价是不同的。

令 $C(+|-)$ 为实际违约样本错分为不违约类付出的代价，$C(-|+)$ 为实际不违约类样本错分为违约类的代价，根据现实情况，两种错判情况的代价应该满足：$C(+|-)>C(-|+)$[94]。

农户小额贷款违约判别模型需要判别每一个农户小额贷款客户是否违约，因此依据统计学假设检验的原理，假设 H_0：客户违约；H_1：客户不违约。

设 α 为犯第一类错误的概率，即违约样本错判的概率；β 为犯第二类错误的概率，即不违约样本错判的概率。如果犯第一类错误的概率 α 较高，那么银行通过该模型对贷款客户审核时就比较宽松，会增加金融机构的信贷风险。如果犯第二类错误的概率为 β 较高，那么银行通过该模型对贷款客户审核时就比较严格，会导致一些信用良好的客户无法轻易获得贷款，进而使银行流失一些信用较好的农户，不利于中国对农村建设、农户扶助等进行资金支持。

设给定训练集 $T=\{(x_1, y_1), (x_2, y_2), \cdots, (x_m, y_m)\}$，其中，$x_i \in R^n$，$x_i$ 具有类标签 y_i，$y=\{y_1, y_2, \cdots, y_m\} \in \{-1, 1\}$ 对应｛违约，不违约｝两类问题。由于实际经济数据多为线性不可分，因此接下来只研究通过支持向量机进行线性不可分数据的判别情况。通过非线性映射得到高维数据集 T'。

$$T' = \{(\phi(x_1), y_1), (\phi(x_2), y_2), \cdots, (\phi(x_m), y_m)\} \quad (4-22)$$

因为违约判别中两类样本点被错分时所付出的代价不同，所以，应该设置不同两类样本点错分的惩罚系数。对错判代价大的样本点设置比较大的惩罚系数 C_-，错判代价小的样本点设置比较小的惩罚系数 C_+，通过大小不同的两个参数平衡支持向量机的泛化能力和训练精度。相应的原始优化问题为：

$$\begin{cases} \min \frac{1}{2}\|w\|^2 + C_- \sum\limits_{y_i=-1} \xi_i + C_+ \sum\limits_{y_i=1} \xi_i \\ \text{s.t.} \sum\limits_{i=1}^{m} y_i[w \cdot \phi(x_i) + b] \geqslant 1 - \xi_i, \ \xi_i \geqslant 0 \end{cases} \quad (4-23)$$

上述优化问题转化为其对偶问题为：

$$\begin{cases} \min\limits_{\alpha} \dfrac{1}{2}\sum\limits_{i,j=1}^{n} \alpha_i\alpha_j y_i y_j (\phi(x_i)\cdot\phi(x_j)) - \sum\limits_{i=1}^{n}\alpha_i \\ \sum\limits_{i=1}^{m} y_i\alpha_i = 0,\ i = 1,\ \cdots,\ n \\ \text{s. t. } 0 \leqslant \alpha_i \leqslant C_+,\ \ \forall i: y_i = 1 \\ \qquad 0 \leqslant \alpha_i \leqslant C_-,\ \forall i: y_{i=-1} \end{cases} \tag{4-24}$$

通过计算，最后得到分类判别函数式如下：

$$\begin{aligned} y &= \mathrm{sgn}(w^* \cdot \phi(x) + b^*) \\ &= \mathrm{sgn}\left(\sum_{i=1}^{n} y_i\alpha_i(\phi(x_i)\cdot\phi(x)) + b^*\right) \end{aligned} \tag{4-25}$$

其中，w^*、b^* 的计算公式如下：

$$b^* = y_i - \sum_{i=1}^{m} y_i\alpha_i(\phi(x_i)\cdot\phi(x)) \tag{4-26}$$

对预测样本使用公式（4-25）进行分类判别，规则如下：

$$\begin{cases} y = \mathrm{sgn}(w^* \cdot \phi(x) + b^*) = -1，\text{预测样本违约} \\ y = \mathrm{sgn}(w^* \cdot \phi(x) + b^*) = 1，\text{预测样本不违约} \end{cases} \tag{4-27}$$

（四）惩罚系数选择

对于一般的支持向量机分类模型，只有一个惩罚系数，通过总的分类错误率选取最优的惩罚参数即可。但代价敏感支持向量机根据错误分类的不同代价，引入了两个惩罚系数 C_-、C_+，以达到平衡模型的训练误差以及泛化能力的目的。因此对于不同损失的支持向量农户违约判别模型来说，惩罚参数的确定是要基于两类错误率而不是模型总的错误判别率。

1. 分类矩阵[95]

分类矩阵可以用来比较分类模型测试集中样本点的实际类别与预测类别的情况，由分类矩阵可以计算出模型的错误判别率。违约判别的二分类问题分类矩阵如表 4-1 所示。

表 4－1　　分类矩阵规则

实际的类/预测的类	－1	1	合计
－1	True positive （TP）	False positive （FN）	P
1	False negative （FP）	True negative （TN）	N
合计	P	N	$P+N$

错误率，即错误分类的样本数占总样本数的百分比。一般通过训练集的分类效果来对测试集数据进行预测，通过预测集总的错误率评价该分类模型的性能。通过表 4－1 分类矩阵中的数据可以计算得到一个分类器的总的错误率，即

$$错误率 = \frac{FP + FN}{P + N} \tag{4-28}$$

按照上文所述，α 为“违约”样本错判的概率，β 为“不违约”样本错判的概率。根据分类矩阵得到两类错误率 α、β 的计算公式：

$$\alpha = \frac{FP}{TN + FP} = \frac{FP}{N} \tag{4-29}$$

$$\beta = \frac{FN}{TP + FN} = \frac{FN}{P} \tag{4-30}$$

由公式（4－29）、公式（4－30）可以得到分类模型的错误率与两种错判的概率存在如下关系：

$$错误率 = \frac{P}{P + N} \times \beta + \frac{N}{P + N} \times \alpha \tag{4-31}$$

2. 代价矩阵[96]

代价矩阵中的各项表示不同的错分所需要付出的代价，违约判别二分类问题的代价矩阵如表 4－2 所示。

表 4－2　　代价矩阵

类别	预测的类		
实际的类	$C(i\|j)$	Class = 1	Class = －1
	Class = 1	$C(+\|+)=0$	$C(-\|+)$
	Class = －1	$C(+\|-)$	$C(-\|-)=0$

本研究中，只研究上面提到的两种错分的代价，即 $C(-|+)$ 和 $C(+|-)$。

3. 期望损失函数

一个分类模型分类效果的好坏往往通过对该模型测试集的分类准确率的高低来衡量。可是对于本研究中农户小额贷款违约状态判别模型，不单单要考虑分类的准确率，同时要得到使测试集分类期望损失最小的分类模型。二分类问题中，令 p_- 为测试集中“违约”（“-1”类）样本数占总样本数的比例，p_+ 为测试集中“不违约”（“$+1$”类）样本数占总样本数的比例；α、β 定义同上文相同，分别代表两类错判率，可以通过分类矩阵计算获得；$C(-|+)$ 和 $C(+|-)$ 表示错分的不同所需要付出的不同的代价，一般情况下是未知的。期望损失函数（EC）的定义如下：

$$EC=p_-\cdot C(+|-)\cdot\alpha+p_+\cdot C(-|+)\cdot\beta \qquad (4-32)$$

由公式（4－32）可以看出，损失函数 EC 的值是第一类错误率 α 和第二类错误率 β 的线性组合，并不是关于模型总的分类错误率的函数。

选择不同的惩罚系数，α、β 的值也会不同，因此得到不同效果的判别模型，所以期望损失函数 EC 依赖于惩罚函数 $C(-|+)$、$C(+|-)$。反过来，当期望损失函数最小时，惩罚函数 $C(-|+)$、$C(+|-)$ 也即为最优。所以最优化惩罚函数就是最小化期望损失函数。

实际研究中，两种错分的代价 $C(-|+)$ 和 $C(+|-)$ 往往是未知的。所以，要想使损失函数最小，就是使 α、β 同时达到最小。但在固定的样本量的情况下，α、β 呈负相关关系，因此可以将其转变为灵敏性（sensitivity）和特效性（specificity），见式（4－33）和式（4－34）。然后通过两类正确率的调和均值 F 度量对两类正确率进行折中，见式（4－35）。至此，当 F 度量值最大时对应的惩罚参数为所要寻求的最优惩罚参数。

$$sentitivity=1-\beta=\frac{TP}{P} \qquad (4-33)$$

$$specificity=1-\alpha=\frac{TN}{N} \qquad (4-34)$$

$$F=\frac{2}{\dfrac{1}{sensitivity}+\dfrac{1}{specificity}}$$

$$=\frac{2}{\dfrac{1}{1-\alpha}+\dfrac{1}{1-\beta}}$$

$$= \frac{2(1+\alpha\times\beta-\alpha-\beta)}{2-(\alpha+\beta)} \tag{4-35}$$

综上所述，选择最优惩罚系数的步骤为：

第一步，选取适当的核函数 $K(x_i, x_j)=\varphi(x_i)\cdot(x_j)$，固定 $C_+=1$（因为我们更想控制的是违约的错判率，所以将不违约的样本错判的惩罚设为 1，暂时不去研究），采用卡尔利斯勒（Carlisle，2001）设定参数范围的方法，设定 $C_-\in[1, \text{sizeRation}\times 10]$，其中 sizeRation 为“+1”类和“-1”类样本的比值；

第二步，根据核函数和惩罚系数，求解最优化问题——公式（4-23），得到支持向量机决策函数 $f(x)=\text{sgn}(\sum_{i=1}^{m} y_i\alpha_i(\phi(x_i)\cdot\phi(x)+b^*))$；

第三步，根据式（4-29）、式（4-30）求得在测试集上的两类错误率 α、β；

第四步，根据式（4-35）计算 F；

第五步，根据 C_- 的范围寻求最大的 F 值，则 F 值最大时对应的 C_- 为最优惩罚参数。

三、农户小额贷款信用评分模型的构建

（一）信用评分模型的基本情况

农户小额贷款信用评分模型解决的是信用等级评价的第二类问题：信用等级评价得分的排序问题。

如上所述，农户小额贷款信用等级评价得分模型的目的：根据农户小额贷款信用等级评价指标体系，计算农户小额贷款客户的信用评价得分。

农户小额贷款信用等级评价得分模型的作用：保证非违约客户之间也可以进行信用状况的比较。

与“农户小额贷款违约判别模型”的区别：农户小额贷款违约判别模型仅仅给出农户小额贷款客户的违约状态，没有办法给出农户小额贷款客户的信用状况好坏。

（二）基于支持向量机回归模型求信用等级评价指标权重

通过支持向量机回归模型求解农户小额贷款新信用等级评价指标的权重实质上就是确定支持向量机类型、支持向量机核函数及其参数的过程。因为通过支持向量机对训练样本的学习确定的指标权重是隐含在支持向量机评价模型中的。

农户小额贷款信用评价得分是一个复杂的非线性回归问题。综合考虑影响小额贷款农户的各个信用等级评价指标，选取支持向量机的回归算法构造农户小额贷款信用评价得分模型。

支持向量机求权重实质上是通过支持向量机的回归模型求解最优回归函数，然后确定各指标在回归点的数值，通过归一化处理得到每个农户小额贷款客户的权重。

（1）支持向量机回归理论[97]。设 y_i'为第 i 个农户小额贷款客户在回归点的函数值；n 为农户小额贷款客户的总数；α_j 为支持向量机训练所得的拉格朗日因子；$K(x_i, x_j)$为核函数；x_i 为第 i 个农户小额贷款信用等级评价指标，x_j 为第 j 个农户小额贷款信用等级评价指标；b 为阈值；y_i 为第 i 个农户小额贷款的违约标识。则 y_i'定义如下：

$$y_i' = \sum_{i=1}^{n} \alpha_i K(x_i, x_j) + b \tag{4-36}$$

公式（4－36）的作用：计算出回归点出的连续数值作为农户小额贷款信用等级评价指标的重要度。

公式（4－36）中的支持向量机训练集所得的拉格朗日因子 α 和阈值 b 可以通过求解公式（4－37）得到：

$$\begin{bmatrix} 0 & I_n^T \\ I_n & K(x_i, x_j) + I_n \gamma^{-1} \end{bmatrix} \begin{bmatrix} b \\ \alpha \end{bmatrix} = \begin{bmatrix} 0 \\ y \end{bmatrix}$$

$$I_n = \underbrace{(1, 1, \cdots, 1)}_{n个1}$$

$$y = (y_1, y_2, \cdots, y_n)^T$$

$$\alpha = (\alpha_1, \alpha_2, \cdots, \alpha_n)^T \tag{4-37}$$

（2）归一化处理。设 W_i 为归一化后农户小额贷款信用等级评价指标的权重，通过归一化处理，解决通过支持向量机求得的指标重要度和不等于 1

的问题。归一化求权重公式如下：

$$W_i = \frac{y_i'}{\sum_{i=1}^{n} y_i'} \tag{4-38}$$

（3）评分方程的建立。设 W^T 为通过归一化处理得到的农户小额贷款信用等级评价指标的权重向量，u_{ij}为第 i 个农户小额贷款客户的第 j 个信用等级评价指标的标准化得分，则信用等级评价指标的评分方程 s_i 为[98]：

$$s_i = \sum_{i=1}^{n} W^T u_{ij} \tag{4-39}$$

公式（4－39）的作用：测算了农户小额贷款信用等级评价指标的信用评分，且信用评分范围在 0 到 1 之间。

由于公式（4－39）测算的信用评分区分度不明显，如果直接转化成百分制，极差太小，会导致后一章节要研究的信用等级划分差异不大。为了加大区分度，将各个样本的信用得分进行标准化处理，记标准化后的得分为 f_i：

$$f_i = (s_i - s_{\min})/(s_{\max} - s_{\min}) \times 100 \tag{4-40}$$

公式（4－40）的作用：扩大了农户小额贷款信用等级评价指标的信用评分的极差，保证了农户小额贷款信用等级评价指标的信用评分遍历了 0～100 内以十为单位划分的每一个阶段。

第四节　农户小额贷款信用评价模型的构建

一、样本的选取与数据来源

选取某商业银行的 440 个内蒙古农户小额贷款客户作为样本。440 个农户样本中包含 400 个非违约农户样本、40 个违约农户样本。

样本的数据来源于某商业银行的农户小额贷款信贷数据库。

二、农户小额贷款信用等级评价指标体系

采用第三章建立的农户小额贷款信用等级评价指标体系进行评价。如表4－3第（a）、（b）列所示。表4－3第（1）~（440）列是10个农户小额贷款信用等级评价指标的标准化打分结果及违约标识是真实值，来源于第三章表3－3的数据。

表4－3　　农户小额贷款信用等级评价指标体系

序号	(a) 准则层	(b) 指标	(c) 指标类型	标准化打分			
				(1) 客户1	(2) 客户2	…	(440) 客户440
1	基本情况	学历	定性	0.400	0.400	…	0.000
…		…	…	…	…	…	…
3		自有房屋价值	正向	0.104	0.130	…	0.311
4	还款能力	贷款人及其家庭的技能状况	定性	0.250	0.250	…	0.500
…		…	…	…	…	…	…
6		农业生产性收入	正向	0.091	0.098	…	0.000
7	还款意愿	银行存款	正向	0.000	0.000	…	0.000
8		社会信誉状况	定性	0.250	0.500	…	0.250
9	保证联保	联保关系	定性	0.800	1.000	…	0.500
10	宏观环境	地区GDP增长率	正向	0.348	0.348	…	0.357
11	—	违约与否标识	—	0	0	…	1

三、农户小额贷款违约判别模型的构建

（一）基本数据

（1）农户小额贷款违约判别的基本情况。农户小额贷款违约判别是针对

信用等级评价的第一类问题：违约状态的判别问题。

如前所述，农户小额贷款违约判别的目的：根据建立的农户小额贷款信用等级评价指标体系，判定农户小额贷款客户的违约状态。

农户小额贷款违约判别的作用：将农户小额贷款客户分为违约客户与非违约客户两类，为金融机构初步筛选贷款的农户提供理论依据。

（2）训练样本、测算样本的选取。训练样本：随机选取440个总样本的70%，共308个样本作为训练样本，其中非违约样本280个，违约样本28个。

测试样本：将剩余的总样本的30%，共132个样本作为测试样本，其中非违约样本120个，违约样本12个。

（二）惩罚系数的选择

根据上文中选择最优惩罚系数的原理，为了得到最优的惩罚系数值，计算步骤如下：

第一步：将不违约样本错判为违约样本的惩罚系数 C_+ 固定为1。

第二步：根据公式（4－17），选取高斯径向基核函数，设置不同的核参数，以判断率最高对应的核参数值作为最优核参数，经测试，本研究的最优核参数值为 $\sigma^2=0.222$。

第三步：根据第二步得到的最优参数，分别设置不同的 C_- 构建不同的违约判别模型，根据分类矩阵及公式（4－29）和公式（4－30）计算得到犯两类错误概率的 α、β 值，然后再将其代入公式（4－35）计算 F 值。结果分别填入表4－4第（7）~（9）列。

表4－4　　惩罚函数的选择

序号	（1）C_-	（2）正确率	（3）TP	（4）FP	（5）TN	（6）FN	（7）α	（8）β	（9）F
1	1.00	84.091%	0	10	111	12	0.083	1.000	0.000
2	2.00	89.394%	8	9	111	4	0.075	0.333	0.364
3	3.80	90.152%	12	13	107	0	0.108	0.000	0.943
4	4.00	90.909%	12	12	108	0	0.100	0.917	0.947

续表

序号	(1) C_-	(2) 正确率	(3) TP	(4) FP	(5) TN	(6) FN	(7) α	(8) β	(9) F
5	4.20	88.636%	6	10	110	6	0.083	0.500	0.647
6	4.50	87.121%	4	9	111	8	0.075	0.667	0.494
7	5.00	86.364%	4	10	110	8	0.083	0.667	0.492

由表4－4可以看出，F值随惩罚参数C_-先增加后减少，当$C_-=4.00$时，F值达到最大，因此本研究中最优的惩罚参数为4.00。此时模型的判别总的正确率为90.909%。由表4－4第一行可以看出，当$C_-=1.00$时，模型的判别的总的正确率为84.091%，此时的分类模型是一般的支持向量机分类模型。由此可以得到以下结论，无论是总的判别正确率还是F值，代价敏感的支持向量机分类模型都比一般的支持向量机模型要好。

为了更好地体现代价敏感支持向量机分类模型在农户小额贷款违约判别模型中的优越性，将代价敏感支持向量机分类模型与一般支持向量机分类模型、Logistic回归模型应用于同一组数据，比较分类模型的效果，结果列入表4－5。

表4－5　　　　不同分类模型的结果比较

(1) 序号	(2) 模型	(3) 正确率	(4) TP	(5) FP	(6) TN	(7) FN	(8) α	(9) β	(10) F
1	C－SVC	84.091%	0	10	111	12	0.083	1.000	0.000
2	CS－SVC	90.909%	12	12	108	0	0.100	0.917	0.947
3	Logistic	82.576%	8	19	101	4	0.158	0.333	0.744

由表4－5可以看出，无论是从总的判别正确率还是从F值，代价敏感支持向量机的分类模型要优于Logistic回归模型，同时也优于一般的支持向量机分类模型。因此本研究基于代价敏感支持向量机构建的农户小额贷款违约状态判别模型是合理且科学的。

最终通过代价敏感支持向量机构建的农户小额贷款违约判别模型如下：

$C_+ = 1.00$，$C_- = 4.00$，$\sigma^2 = 0.222$，模型的违约判别能力为 90.909%，拉格朗日乘子为 $\alpha = [0.260, 0.080, \cdots, -1.20, -1.20]$，对应的阈值 b = −0.827，代入公式（4−25）中，得到训练集的农户小额贷款违约判别模型如下：

$$f(x) = \text{sgn}\left(\sum_{i=1}^{n} y_i\alpha_i(\phi(x_i) \cdot \phi(x)) + b^*\right)$$

$$\triangleq \text{sgn}\left\{[1, 1, 1, \cdots, -1, -1, -1]\right.$$

$$[0.260, 0.080, 0.005, \cdots, -1.200, -1.200, -1.200]$$

$$\left.\times \sum_{i=1}^{382} \exp\left(-\frac{\|x - x_i\|^2}{2 \times 0.222}\right) - 0.827\right\}$$

测算集的违约判别模型同理，这里不做过多赘述。每个农户小额贷款客户的违约标识列入表 4−7 第（3）列。

四、农户小额贷款信用评价得分模型的构建

（一）基本数据

（1）农户小额贷款信用评价得分的基本问题。农户小额贷款信用评价得分是针对农户小额贷款信用等级评价提出的第二类问题：信用等级得分高低的问题。

如前文所述，农户小额贷款信用得分评价的目的：根据第三章构建的农户小额贷款信用等级评价指标体系，测算农户小额贷款客户的信用等级评价得分。

农户小额贷款信用得分评价的作用：保证非违约客户之间可以进行信用状况的比较。

（2）训练样本、测试样本的选取。训练样本和测试样本的选取方法与上文农户小额贷款违约判别模型相同。

训练样本：随机选取 440 个总样本的 70%，共 308 个样本作为训练样本，其中非违约样本 280 个，违约样本 28 个。

测试样本：将剩余的总样本的 30%，共 132 个样本作为测试样本，其中

非违约样本120个，违约样本12个。

（二）基于支持向量机回归模型测算权重

应用支持向量机回归模型的核函数及参数与支持向量机分类模型的相同，不再进行测试。将核参数及根据第三章构建农户小额贷款信用等级评价指标的数值代入公式（4－36）得到相应的拉格朗日乘子 α 和阈值 b，再将其代入公式（4－35）得到农户小额贷款信用等级评价指标的函数值。

本研究中，拉格朗日乘子 $\alpha=[-1.20, -1.2, -0.682, \cdots, -1.195, 1.20, 1.20]$，$b=0.923$。分别代入公式（4－35）得到函数值模型为：

$$\begin{aligned} y' &= \sum_{i=1}^{n} \alpha_i K(x_i, x_j) + b \\ &= [-1.200, -1.200, -0.682, \cdots, -1.195, 1.200, 1.200] \\ &\quad \exp\left(-\frac{\|x-x_i\|^2}{2\times 0.222}\right)+0.923 \end{aligned} \tag{4-41}$$

将表4－3第（1）~（440）列数据分别代入公式（4－41）得到各个农户小额贷款信用等级评价指标的函数值，填入表4－6的第（3）列。

将表4－6第（3）列的第1行的值代入归一化公式（4－38），得到每个农户小额贷款信用等级评价指标的权重值：

$$W_1=\frac{y_1'}{\sum_{i=1}^{n} y_i'}=\frac{-1.107}{(-1.107)+(-1.163)+\cdots+(-1.159)}=0.103$$

将结果填入表4－6第1行的第（4）列，同理其余9个指标的权重结果分别填入表4－6第（4）列对应的2~10行。

表4－6　评价指标权重

（1）序号	（2）指标	（3）函数值	（4）权重
1	学历	－1.107	0.103
…	…	…	…
3	自有房屋价值	－1.159	0.108
4	贷款人及其家庭的技能状况	－0.990	0.092
…	…	…	…

续表

(1) 序号	(2) 指标	(3) 函数值	(4) 权重
6	农业生产性收入	-0.849	0.093
7	银行存款	-1.080	0.079
…	…	…	…
9	联保关系	-1.088	0.108
10	地区 GDP 增长率	-1.159	0.101

(三) 信用评分的测算

将表 4-6 第 (4) 列的权重值及表 4-3 第 (1) 列的数据分别代入公式 (4-39), 得到第 1 个农户小额贷款客户的信用评分:

$$s_i = \sum_{i=1}^{n} W^T u_{ij} = (0.103, 0.108, \cdots, 0.101)\begin{pmatrix} 0.400 \\ 0.500 \\ \cdots \\ 0.348 \end{pmatrix} = 0.298$$

结果填入表 4-7 第 1 行的第 (4) 列, 同理将表 4-3 第 (2) ~ (440) 列数据代入公式 (4-39), 得到第 2~440 个农户小额贷款客户的信用评分, 结果分别填入表 4-7 的 2~440 行的第 (4) 列。

为了扩大农户小额贷款信用等级评价指标的信用评分的极差, 保证了农户小额贷款信用等级评价指标的信用评分遍历了 0~100 内以十为单位划分的每一个阶段。由表 4-7 第 (4) 列的信用评分数据可得, $s_{min}=0.147$, $s_{max}=0.638$, 将表 4-7 第 1 行第 (4) 列第一个客户的信用评分 0.298 和 s_{min}, s_{max} 代入公式 (4-40), 得到第一个农户小额贷款客户的标准化信用评分:

$$\begin{aligned} f_1 &= (s_1 - s_{min})/(s_{max} - s_{min}) \times 100 \\ &= (0.298 - 0.147)/(0.638 - 0.147) \times 100 \\ &= 30.714 \end{aligned}$$

将结果列入表 4-7 的第 1 行的第 (5) 列, 同理, 将表 4-7 第 2~440 行第 (4) 列的信用评分和 s_{min}, s_{max} 代入公式 (4-40) 可得客户 2 - 客户 440 的标准化信用评分, 计算结果分别填入表 4-7 的第 2~440 行的第 (5) 列。

表 4-7　　信用评分

（1）序号	（2）小额贷款客户	（3）违约标识	（4）信用评分	（5）标准化信用评分
1	客户 1	0	0.298	30.714
2	客户 2	0	0.349	41.213
3	客户 3	1	0.231	17.189
4	客户 4	0	0.423	56.326
5	客户 5	0	0.308	32.831
…	…	…	…	…
15	客户 15	0	0.447	61.061
16	客户 16	0	0.432	58.012
17	客户 17	0	0.447	61.061
18	客户 18	0	0.432	58.012
19	客户 19	0	0.435	58.662
20	客户 20	0	0.344	40.105
…	…	…	…	…
25	客户 25	0	0.395	50.456
26	客户 26	1	0.342	39.648
27	客户 27	0	0.437	59.019
28	客户 28	0	0.434	58.523
29	客户 29	0	0.536	79.287
30	客户 30	0	0.375	46.457
…	…	…	…	…
50	客户 50	0	0.453	62.293
51	客户 51	0	0.434	58.455
52	客户 52	1	0.301	31.446
53	客户 53	0	0.468	65.460
54	客户 54	0	0.456	63.001
55	客户 55	1	0.239	18.709
…	…	…	…	…
90	客户 90	0	0.362	43.706

续表

（1）序号	（2）小额贷款客户	（3）违约标识	（4）信用评分	（5）标准化信用评分
91	客户 91	1	0.294	29.900
92	客户 92	1	0.248	20.668
93	客户 93	0	0.366	44.666
94	客户 94	0	0.454	62.497
95	客户 95	0	0.432	58.022
…	…	…	…	…
100	客户 100	1	0.286	28.315
…	…	…	…	…
155	客户 155	1	0.210	12.856
156	客户 156	1	0.336	38.599
157	客户 157	0	0.368	44.995
158	客户 158	1	0.321	35.374
159	客户 159	1	0.303	31.893
160	客户 160	1	0.341	39.616
…	…	…	…	…
295	客户 295	1	0.268	24.665
296	客户 296	0	0.414	54.439
297	客户 297	1	0.277	26.469
298	客户 298	0	0.358	42.968
299	客户 299	1	0.209	12.650
300	客户 300	0	0.364	44.221
…	…	…	…	…
337	客户 337	0	0.383	48.059
338	客户 338	0	0.337	38.678
…	…	…	…	…
379	客户 379	0	0.374	46.258
380	客户 380	0	0.489	69.707
381	客户 381	0	0.314	34.136

续表

（1）序号	（2）小额贷款客户	（3）违约标识	（4）信用评分	（5）标准化信用评分
…	…		…	…
405	客户405	0	0.313	34.293
406	客户406	0	0.315	37.968
407	客户407	0	0.333	33.088
408	客户408	0	0.309	53.410
409	客户409	0	0.313	34.293
410	客户410	0	0.341	39.570
…	…	…	…	…
436	客户436	0	0.329	37.452
437	客户437	1	0.249	20.740
438	客户438	1	0.247	20.358
439	客户439	0	0.319	35.134
440	客户440	0	0.340	39.388

五、信用评分结果与违约模型对比分析

由表4－7第（3）列和第（5）列可以看出，违约的客户其信用评分也相对较低，以客户3为例，其违约标识为1，即通过支持向量机分类模型预测出的该客户是违约的，其标准化信用评分为17.189，也相对较低。又比如说客户380，其违约标识为0，即不违约，同时其标准化信用评分为69.707，属于中等偏上。总体来看，违约判别模型和信用评分模型的结果趋向一致，表明本研究的违约判别模型与信用评分模型的合理性。

第五节　本章小结

一、主要工作

（1）建立了农户小额贷款违约判别模型。通过代价敏感支持向量机分类模型将农户小额贷款客户分为2类：违约客户和非违约客户，为银行初步筛选客户提供理论依据。

（2）建立了农户小额贷款信用评价得分模型。通过支持向量机回归模型，结合信用评分方程，得到每个小额贷款农户的信用评分。通过对信用评分的排序，保证了非违约农户间信用状况的顺利比较。

二、主要结论

本章构建的农户小额贷款信用评价模型表明：通过代价敏感支持向量机分类模型建立的农户小额贷款违约判别模型与通过支持向量机回归模型构建的农户小额贷款信用评分模型结果的一致性及合理性。

三、主要特色

（1）选取对于少量样本具有较好的分类性能的代价敏感支持向量机方法，选取最优的惩罚系数，优化了违约判别模型的容错率，提高了样本违约状态的判别精度。

（2）通过支持向量机回归算法，测算农户小额贷款信用等级评价指标的权重，体现了违约样本与非违约样本差距越大，权重越大的思路。

（3）通过高斯径向基核函数将农户小额贷款信用等级评价指标空间映射到高维特征空间，解决了农户小额贷款客户评价影响因素非线性赋权问题。避免了现有研究中通过简单线性加权测算信用评分导致的信用等级评价指标与评价结果间的真实关系无法表达的缺陷。

| 第五章 |

基于最优 Copula 的信用评级模型

第一节　问题的提出

农户小额贷款信用评级是根据农户小额贷款客户的信用评分和违约损失率的大小对贷款客户的信用等级进行合理的划分，进而衡量不同等级贷款客户的不同违约状况。因此，合理的农户小额贷款信用评级模型必须满足信用等级越高而违约损失率越低的原则。

本研究的信用评级模型是在第四章农户小额贷款信用评价的基础上综合考虑贷款客户的信用评分和违约损失率的负相关关系构建的。合理的农户小额贷款信用评级模型的优势一是会避免误导投资者和社会公众；二是会使金融机构在贷款定价时保证不同信用等级债务人的违约风险得到足额补偿；三是会为金融机构提供具体的信用等级及违约损失率的对应关系，避免对盈亏平衡点以下信用等级的客户进行贷款，降低贷款损失率。

现有的信用评级模型的构建大致分为三类：一是单纯根据客户的信用评分大小进行区间的划分，得到信用评级模型。二是根据贷款客户总数服从的“中间大、两头小”的正态分布特征划分不同的区间，再依据信用评分对应的不同区间划分信用等级。三是根据客户的违约概率划分信用等级。

上述三类信用评级模型虽然同样建立起客户的信用等级，但是未能考虑贷款的实际违约损失率，由于违约样本太少，导致信用等级结果出现信用等级越高，违约损失率反而也越高的不合理情况。

针对现有研究中信用评级模型划分的不足，本研究构建了基于多元最优阿基米德 Copula 的农户小额贷款信用评级模型。弥补了因违约样本太少无法划分合理的信用等级的不足。并以某商业银行的 440 笔内蒙古农户小额贷款数据为实证对象，验证了本章构建的农户小额贷款信用评级模型的合理性和实用性。

创新与特色一是通过最优多元阿基米德 Copula 函数拟合出多个农户小额贷款信用等级评价指标的联合分布函数，然后通过蒙特卡洛模拟出农户小额贷款信用评级模型建立所需的大样本数据，弥补了违约数据太少而无法划分信用等级的不足。二是将信用评分等分的方法与动态调整结合，构建了一套“信用等级越高而违约损失率越低”农户小额贷款信用评级模型，改善了现阶段只对信用评分划分信用等级进而忽略高信用等级对应低违约损失率原则的现状。

第二节　基于最优 Copula 的信用评级模型的构建原理

一、问题的性质

农户小额贷款信用评级的本质是对农户小额贷款客户的每一笔贷款进行评估，将第四章测算的农户小额贷款客户的信用评分运用等分法划分区间，结合动态调整划分“信用等级越高，违约损失率越低”的农户小额贷款信用评级模型。

农户小额贷款信用评级模型构建的关键是拥有足够多的农户小额贷款客户的信贷样本，尤其是违约的农户小额贷款客户的信贷样本。只有违约的信贷样本足够多，才能保证划分的每个信用等级的违约损失率不为 0。

二、问题的难点

（1）难点一。某商业银行的内蒙古农户信贷数据库表明：农户小额贷款客户的总数为440个样本，其中违约的样本数为40个。现有的农户样本数目对于构建农户小额贷款客户的9个级别的信用评级远远不足，尤其是违约农户样本的不足导致无法有效区分不同信用等级，这是农户小额贷款信用评级中面临的最大难题。

（2）难点二。选取何种方法可以构建信用等级越高而违约损失率越低的信用评级模型。现有的评级模型大多只依据单一的信用评分划分信用等级，忽视了信用等级和违约损失率的反向序关系。

三、突破难点的思路

（一）突破难点一的思路

突破难点一的思路是：通过核密度估计拟合内蒙古农户小额贷款客户的信用评分、应还本息、未还本息的边缘分布，通过阿基米德 Copula 函数拟合内蒙古农户小额贷款客户的信用评分、应还本息、未还本息的联合分布，进而利用蒙特卡洛方法产生内蒙古农户小额贷款客户的大样本随机数。

（二）突破难点二的思路

突破难点二的具体思路如下：

一是仅考虑信用评分的评级思路。对内蒙古农户小额贷款客户的信用评分从大到小排序，通过等分法初步建立农户小额贷款客户的信用评级模型。

二是考虑信用等级与违约损失率序关系的评级思路。在初步建立的评级模型上，通过动态调整评级临界值，使得调整后的评级模型满足信用等级越高则违约损失率越低的评级要求，最终建立反映信用等级越高则违约损失率越低这一序关系的农户小额贷款信用评级模型。

四、信用评级模型原理

基于最优阿基米德 Copula 的信用评级模型原理如图 5－1 所示。

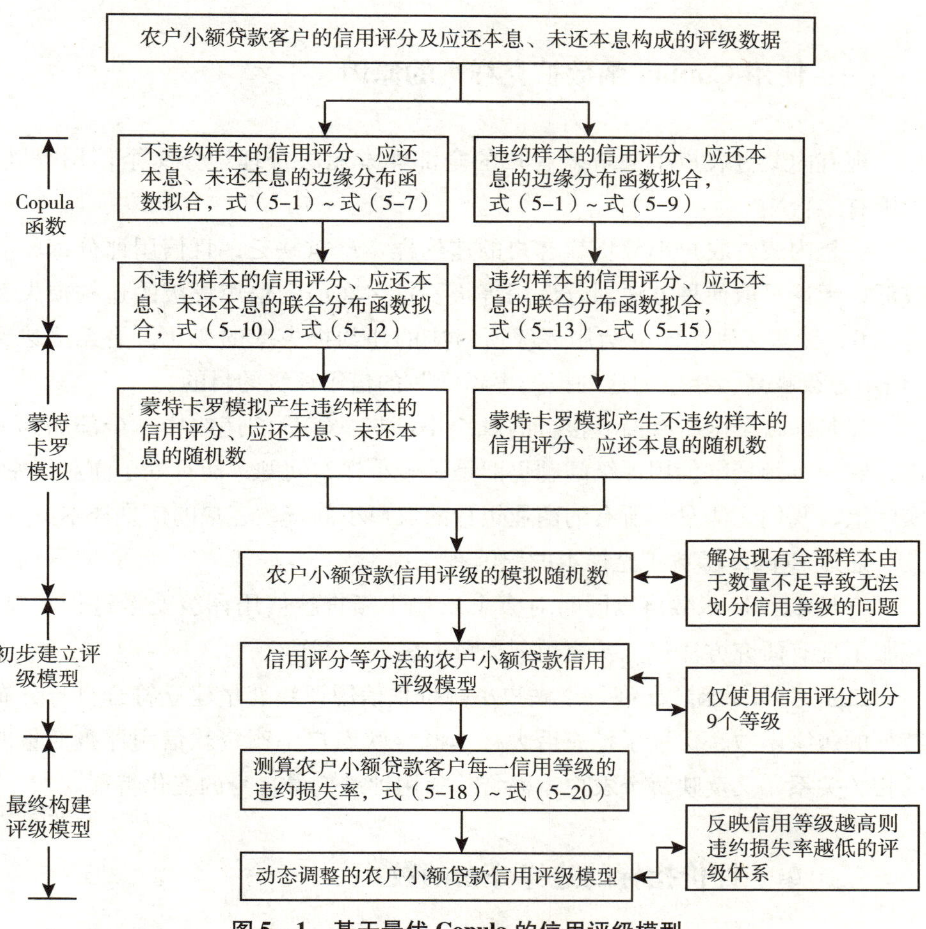

图 5－1　基于最优 Copula 的信用评级模型

第三节　基于最优 Copula 的信用评级模型的构建方法

一、使用 Copula 函数扩充样本的原因

现有内蒙古农户小额贷款客户的全部样本无法合理划分 9 个信用等级，原因有二：

一是内蒙古农户小额贷款客户的违约样本严重缺乏，且信用评分都相对较低，无论采取何种方法划分信用等级，排名在前的信用等级的违约损失率都为 0，无法区别不同的信用等级所对应的违约损失率的变化，更无法达到“信用等级越高，相应的违约损失率越低”的信用评级的目的。

二是即将全国所有商业银行的农户小额贷款客户的违约样本全部加到一起，农户小额贷款信用评级问题仍旧是一个小样本问题，而且处于商业秘密，实际上，我们无法拿到所有的商业银行的农户小额贷款客户的信贷样本。

通过 Copula 函数扩充样本的原因有二：

一是 Copula 函数可以同时对多个农户小额贷款信用评级变量进行扩充，克服了现有研究方法仅能扩充单一变量的弊端。

二是 Copula 函数允许每个农户小额贷款信用评级变量建立符合自身分布特征的边缘函数，保证了扩充后大样本既反映农户小额贷款信用评级变量间的相关关系，又反映每个农户小额贷款信用评级变量自身的变化特征。

二、单一评价指标的边缘分布函数

在农户小额贷款信用评级指标分布未知情况下，通过核密度估计方法拟合信用评分、应还本息、未还本息的分布函数。

使用核密度方法确定评级指标的边缘分布函数的原因有二：一是核密度方法对评级变量分布无任何假设条件，适合分布未知的评级指标确定其分布

函数。二是现有研究表明[99~100]，核估计在 Copula 技术中具有拟合程度高的优势。

（一）信用评分的边缘分布函数

设：y_i 为第 i 个小额贷款农户的信用评分的边缘分布函数值，$i=1$，…，n；n 为样本数目；$\Phi(\cdot)$为标准正态的分布函数；f_{1i}为信用评分 f_1 的第 i 个标准化样本；f_{1j}为信用评分 f_1 的第 j 个标准化样本，$j=1$，…，n。则信用评分 f_1 的第 i 个分布函数值 y_i 为[101~103]：

$$y_i = F_1(f_{1i}) = \frac{1}{n}\sum_{j=1}^{n}\Phi\left(\frac{f_{1i}-f_{1j}}{k_1}\right) \tag{5-1}$$

其中，k_1 是待求参数。参数 k_1 为[104~105]：

$$k_1 = 1.06n^{-0.2}\sqrt{\frac{1}{n-1}\sum_{i=1}^{n}(f_{1i}-\bar{f_1})^2} \tag{5-2}$$

其中，$\bar{f_1}$ 是样本均值。$\bar{f_1}$ 计算公式为[104~105]：

$$\bar{f_1} = \frac{1}{n}\sum_{i=1}^{n}f_{1i} \tag{5-3}$$

（二）应还本息的边缘分布函数

设：z_i 为第 i 个小额贷款农户的应还本息的边缘分布函数值，$i=1$，…，n；n 为样本数目；$\Phi(\cdot)$为标准正态的分布函数；f_{2i}为应还本息 f_2 的第 i 个标准化样本；f_{2j}为应还本息 f_2 的第 j 个标准化样本，$j=1$，…，n。则应还本息 f_2 的第 i 个分布函数值 z_i 为[101~103]：

$$z_i = F_2(f_{2i}) = \frac{1}{n}\sum_{j=1}^{n}\Phi\left(\frac{f_{2i}-f_{2j}}{k_2}\right) \tag{5-4}$$

其中，k_2 是待求参数。参数 k_2 为[104~105]：

$$k_2 = 1.06n^{-0.2}\sqrt{\frac{1}{n-1}\sum_{i=1}^{n}(f_{2i}-\bar{f_2})^2} \tag{5-5}$$

其中，$\bar{f_2}$ 是样本均值。$\bar{f_2}$ 计算公式为[104~105]：

$$\bar{f_2} = \frac{1}{n}\sum_{i=1}^{n}f_{2i} \tag{5-6}$$

（三）未还本息的边缘分布函数

设：p_i 为第 i 个小额贷款农户的未还本息的边缘分布函数值，$i=1$，…，n；n 为样本数目；$\Phi(\cdot)$为标准正态的分布函数；f_{3i}为未还本息f_3 的第 i 个标准化样本；f_{3j}为未还本息f_3 的第j个标准化样本，$j=1$，…，n。则未还本息f_3 的第 i 个分布函数值p_i 为[101~103]：

$$p_i = F_3(f_{3i}) = \frac{1}{n}\sum_{j=1}^{n}\Phi\left(\frac{f_{3i}-f_{3j}}{k_3}\right) \tag{5-7}$$

其中，k_3 是待求参数。参数 k_3 为[104~105]：

$$k_3 = 1.06n^{-0.2}\sqrt{\frac{1}{n-1}\sum_{i=1}^{n}(f_{3i}-\bar{f_3})^2} \tag{5-8}$$

其中，$\bar{f_3}$ 是样本均值。$\bar{f_3}$ 计算公式为[104~105]：

$$\bar{f_3} = \frac{1}{n}\sum_{i=1}^{n}f_{3i} \tag{5-9}$$

三、多个评价指标的联合分布函数

为拟合农户小额贷款信用评级指标间的多变量联合分布，本研究采用阿基米德 Copula 函数拟合评级指标的联合分布函数。

选择阿基米德 Copula 函数的原因有二[106~107]：

一是本研究需要同时拟合违约小额贷款农户的信用评分、应还与未还本息的三元变量和不违约小额贷款农户的信用评分、应还本息的二元变量的联合分布函数，最后分别生成违约与不违约的大样本数据，所以要保证二者的联合分布函数结构的一致性。二是在多元变量分布对称性未知的情况下，阿基米德 Copula 函数可以同时对三元和二元变量进行拟合。

因为信用评价中违约样本模拟的是三元的，不违约样本模拟的是二元的，所以采取多元阿基米德 Copula 来拟合各指标的多变量联合分布。

阿基米德 Copula 函数是由其生成元唯一确定的，下面列举几个常用的阿基米德 Copula 函数。

（一）二元阿基米德 Copula 函数表达式

设：y_i 为含义同上；z_i 为含义同上；α 为 Gumbel Copula 函数的参数，$0<\alpha\leq 1$；θ 为 Clayton Copula 函数的参数，$\theta>0$；λ 为 Frank Copula 函数的参数，$\lambda\neq 0$。则 Copula 函数的表达式为[108]：

Gumbel Copula 的分布函数表达式为：

$$C_1(y_i, z_i) = \exp\{-[(-\ln y_i)^{1/\alpha} + (-\ln z_i)^{1/\alpha}]^{\alpha}\} \tag{5-10}$$

Clayton Copula 的分布函数表达式为：

$$C_2(y_i, z_i) = (y_i^{-\theta} + z_i^{-\theta} - 1)^{-1/\theta} \tag{5-11}$$

Frank Copula 的分布函数表达式为：

$$C_3(y_i, z_i) = -\frac{1}{\lambda}\ln\left[1 + \frac{(e^{-\lambda y_i} - 1)(e^{-\lambda z_i} - 1)}{(e^{-\lambda} - 1)}\right] \tag{5-12}$$

公式（5-10）~公式（5-12）的 Gumbel、Clayton 和 Frank 是常用的二元阿基米德 Copula 函数，它们很容易扩展为 N 元阿基米德 Copula 函数。

（二）多元阿基米德 Copula 函数表达式

设：u_i - 第 i 个随机变量的边缘分布参数值；α - Gumbel Copula 函数的参数，$0<\alpha\leq 1$；θ - Clayton Copula 函数的参数，$\theta>0$；λ - Frank Copula 函数的参数，$\lambda\neq 0$。则 Copula 函数的表达式为[108]：

Gumbel Copula 的分布函数表达式为：

$$C_1(u_1, u_2, \cdots, u_N) = \exp\{-[\sum_{i=1}^{N}(-\ln u_i)^{1/\alpha}]^{\alpha}\}$$
$$\alpha \in (0, 1] \tag{5-13}$$

Clayton Copula 的分布函数表达式为：

$$C_2(u_1, u_2, \cdots, u_N) = (\sum_{i=1}^{N} u_i^{-\theta} - N + 1)^{-1/\theta}$$
$$\theta \in (0, \infty) \tag{5-14}$$

Frank Copula 的分布函数表达式为：

$$C_3(u_1, u_2, \cdots, u_N) = -\frac{1}{\lambda}\ln\left[1 + \frac{\prod_{i=1}^{N}(e^{-\lambda u_i} - 1)}{(e^{-\lambda} - 1)^{N-1}}\right]$$

$$\lambda \neq 0 \tag{5-15}$$

其中，式（5－15）中，当 $N \geqslant 3$ 时 $\lambda > 0$。

（三）Copula 函数的参数估计

Copula 模型的参数估计通常采用极大似然估计法，主要思想是通过 Copula 函数的密度函数和边缘密度函数求出联合分布函数的密度函数，进而得到对数似然函数，通过求极值得到最优参数的估计值。具体算法如下：

$c(F_1(x_1;\theta_1), F_2(x_2;\theta_2), \cdots, F_N(x_N;\theta_N))$ 为 Copula 函数的密度函数；$u_N = F_N(x_N;\theta_N)$ 为边缘分布函数；$f_n(x_n;\theta_n)$ 为 Copula 函数的边缘密度函数，$n = 1, 2, \cdots, N$，θ_c 为 Copula 函数的 $1 \times m_c$ 维参数向量；θ_n 为 $F_n(z_n;\theta_n)$ 的 $1 \times m_n$，维参数向量；$\theta = (\theta_1, \theta_2, \cdots, \theta_N, \theta_c)'$。可以求得联合分布函数的密度函数为[109]：

$$\begin{aligned} f(x_1, x_2, \cdots, x_N;\theta) &= c(F_1(x_1,\theta_1), F_2(x_2,\theta_2), \cdots, \\ &\quad F_N(x_N,\theta_N);\theta_c)\prod_{n=1}^{N} f_n(x_n;\theta_n) \\ &= c(u_1, u_2, \cdots, u_N;\theta_c)\prod_{n=1}^{N} f_n(x_n;\theta_n) \end{aligned} \tag{5-16}$$

公式（5－16）中，$c(u_1, u_2, \cdots, u_N;\theta_c) = \dfrac{\partial C(u_1, u_2, \cdots, u_N;\theta_c)}{\partial u_1, \partial u_2, \cdots, \partial u_N}$。

进而得到样本 $(x_{1t}, x_{2t}, \cdots, x_{Nt})$，$t = 1, 2, \cdots, T$ 的对数似然函数：

$$\begin{aligned} \ln L(x_1, x_2, \cdots, x_N;\theta) = \sum_{t=1}^{T}\Big(\sum_{n=1}^{N} \ln f_n(x_{nt};\theta_n) + \ln c(F_1(x_{1t},\theta_1), \\ F_2(x_{2t},\theta_2), \cdots, F_N(x_{Nt},\theta_N);\theta_c)\Big) \end{aligned} \tag{5-17}$$

对公式（5－17）进行求极值，即可得到最优参数值。

（四）选取最优 Copula

样本数据不同，式（5－13）~（5－15）中的三个 Copula 函数中最优的函数也不同，选取方法如下：

设：d 为 C_i 与 E_i 欧式距离；C_i 为 Copula 分布函数的第 i 个样本值；E_i 为标准均匀分布的第 i 个随机数。则距离 d 为[109]：

$$d = \sqrt{\sum_{i=1}^{n} (C_i - E_i)^2} \tag{5-18}$$

式（5－18）的值越小，表明 Copula 分布函数值和标准均匀分布之间误差越小。

最优 Copula 函数的选择标准为：d 值最小对应的 Copula 函数为最优 Copula 函数[15]。本章在第四节实证得出公式（5－13）是不违约样本的最优 Copula 函数，公式（5－14）是违约样本的最优 Copula 函数。

四、蒙特卡洛模拟

（一）样本的模拟思路

多元阿基米德 Copula 函数的蒙特卡洛模拟并不是按照均值与方差进行模拟，而是按照式（5－13）~（5－15）的公式结构来模拟农户样本[110~111]。

不违约样本的模拟思路：对于不违约样本，先依据联合分布函数（5－1）和（5－4）产生边缘分布函数 y、z 的随机序列，然后通过核密度估计的反函数得到不违约样本的 y、z 的初步随机序列，对初步随机序列标准化公式（3－1）的变形公式进行数据还原，对还原后的随机数剔除异常值后得到违约随机数。

违约样本的模拟思路：对于违约样本，先依据联合分布函数（5－1）、（5－4）和（5－7）产生边缘分布函数 y、z、p 的随机序列，然后通过核密度估计的反函数得到不违约样本的 y、z、p 的初步随机序列，对初步随机序列使用标准化公式（3－1）的变形公式进行数据还原，对还原后的随机数剔除异常值后得到违约随机数。

（二）评级大样本

违约样本的大样本个数与不违约样本的大样本个数的比值与原始数据中违约客户个数 n_1 与不违约客户个数 n_2 的比值应相等，即保证扩充前后的两类样本比例相同。这样做的理由是：原始数据中违约客户个数 n_1 与不违约客户个数 n_2 的比例关系是一个重要的客观信息，因此在样本扩充后依然保证这一比例关系。

将以上违约样本的信用得分、应还本息、未还本息的评级大样本以及不违约样本的信用得分、应还本息的评级大样本混合，最终得到内蒙古微型企业的评级大样本。

最终的农户小额贷款信用评级大样本依然由信用得分、应还本息、未还本息这三个评级变量构成，其中评级大样本不违约样本的未还本息全部取值为0。

五、等分法的初步评级模型

（一）等分法的算法

本章的等分法是指从信用评分取值大小层面将信用评分的取值区间等间隔地分为9类，而不是指将信用评分个数等间隔分为9类。信用评分等分后，每个评级区间的评分极差都相等，但每个评级区间的样本个数不一定相等。这是为了保证提高动态调整的速度。

设：m_i 为信用评分的第 i 个分割点，$i=1, 2, \cdots, 8$；M 为信用评分的最大值；m 为信用评分的最小值。则第 i 个分割点 m_i 为：

$$m_i = M - \frac{i}{9}(M - m) \tag{5-19}$$

公式（5－19）的含义为：对大样本评分最大值 M 与大样本评分最小值 m 之间进行9等分，插入8个分割点。

公式（5－19）的作用为：通过等分法测算信用得分的评级分割点，将农户小额贷款客户的大样本的信用评分划分为9个信用等级。

等分法建立评级模型的好处有二：一是可以快速有效地将农户小额贷款客户的大样本的信用评分划分为9个信用等级。二是等分法可以使每个类内的信用评分值极差相等，在最终评级分割点未知情况下，等分法可以使后续动态调整分割点更快速有效。

（二）初步建立评级模型

以大样本评级数据的信用评分为排序变量，按照信用评分从高到低的顺序进行排序。利用式（5－17）测算的评级分割点将排序后的信用评分划分为 9 个信用等级。设：R_s 为排序后的信用评分变量。则具体评级如下：

设：R_s 为信用评分按从大到小排序后的评分变量。则具体评级如下：

（1）若 $m_1 < R_s \leqslant M$，则对应等级为 AAA 级；

（2）若 $m_2 < R_s \leqslant m_1$，则对应等级为 AA 级；

（3）若 $m_3 < R_s \leqslant m_2$，则对应等级为 A 级；

（4）若 $m_4 < R_s \leqslant m_3$，则对应等级为 BBB 级；

（5）若 $m_5 < R_s \leqslant m_4$，则对应等级为 BB 级；

（6）若 $m_6 < R_s \leqslant m_5$，则对应等级为 B 级；

（7）若 $m_7 < R_s \leqslant m_6$，则对应等级为 CCC 级；

（8）若 $m_8 < R_s \leqslant m_7$，则对应等级为 CC 级；

（9）若 $m \leqslant R_s \leqslant m_8$，则对应等级为 C 级。

以上就是初步建立的农户小额贷款信用评级模型，初步建立的信用评级模型仅从信用得分角度划分了信用等级，因此是不合理的农户小额贷款信用评级模型。

六、动态调整的最终评级模型

（一）信用等级的违约损失率算法

若农户小额贷款客户不能在贷款合同约定期限还清全部本息，则界定为违约。违约的农户小额贷款客户的违约损失率取值是一个大于 0 且小于等于 1 的连续数值。不违约的农户小额贷款客户的未还本息为 0，因而违约损失率取值为 0。

设：LGD_i 为第 i 个信用等级的违约损失率，$i=1, 2, \cdots, 9$；H_i 为第 i 个信用等级的未还本息和；M_i 为第 i 个信用等级的应还本息和；H_{ij} 为第 i 个信用等级内的第 j 个企业的未还本息，$j=1, 2, \cdots, k_i$；M_{ij} 为第 i 个信用等级的第 j 个企业的应还本息；k_i 为第 i 个信用等级内企业数目。则第 i 个信用等级的违约损失率 LGD_i 为[112]：

$$LGD_i = \frac{H_i}{M_i} \tag{5-20}$$

其中，第 i 个信用等级的未还本息和 H_i 为：

$$H_i = \sum_{j=1}^{k_i} H_{ij} \tag{5-21}$$

其中，第 i 个信用等级的应还本息和 M_i 为：

$$M_i = \sum_{j=1}^{k_i} M_{ij} \tag{5-22}$$

式（5-20）的含义：通过信用等级内的所有贷款农户未还本息和与信用等级内的所有贷款农户应还本息和的比值计算该信用等级的违约损失率，反映了农户小额贷款客户的每一信用等级违约损失程度。

（二）最终评级模型

本章建立的农户小额贷款信用评级模型是指在信用等级越高而对应等级的违约损失率越低的评级目的下对农户小额贷款信用评价得分划分信用等级。

在初步建立的农户小额贷款信用评级模型基础上，将每个信用等级的违约损失率加以考虑，通过动态调整评级临界值使得调整后的信用等级与违约损失率具有信用等级高则违约损失率低的序关系，最终建立合理的农户小额贷款信用评级模型。

第四节　基于最优 Copula 的信用评级模型的建立

一、建模的数据基础

（一）评级指标与原始数据

通过第四章农户小额贷款信用评价模型测算得到农户小额贷款客户的信用评分，结果列入表 5-1 第（1）列。

表 5 – 1　　　　信用评级模型的样本数据

序号	（1）信用评分	（2）应还本息	（3）未还本息	（4）违约状态
1	30.714	52 610.000	0.000	0
2	41.213	52 600.000	0.000	0
…	…	…	…	…
8	17.524	52 675.250	0.000	0
9	18.001	10 187.050	0.000	0
10	38.811	50 522.000	0.000	0
…	…	…	…	…
30	46.457	40 374.000	0.000	0
31	13.897	40 374.000	0.000	0
32	54.627	41 632.000	0.000	0
…	…	…	…	…
48	48.458	10 400.200	0.000	0
49	35.806	21 038.400	0.000	0
50	62.293	52 443.750	0.000	0
…	…	…	…	…
100	28.315	7 362.950	0.000	0
101	14.313	52 465.000	0.000	0
102	16.759	50 361.250	0.000	0
…	…	…	…	…
150	61.637	21 574.700	0.000	0
151	53.841	52 024.000	0.000	0
152	76.335	52 588.250	0.000	0
…	…	…	…	…
218	17.524	50 148.800	0.000	0
219	18.001	51 955.000	0.000	0
220	38.811	52 592.000	0.000	0
…	…	…	…	…
254	54.992	51 955.000	0.000	0

续表

序号	(1) 信用评分	(2) 应还本息	(3) 未还本息	(4) 违约状态
255	13.869	31 517.250	0.000	0
256	49.934	52 684.000	0.000	0
…	…	…	…	…
300	12.650	52 613.750	0.000	0
301	44.221	52 566.500	0.000	0
302	66.637	51 957.500	0.000	0
…	…	…	…	…
399	54.980	42 088.000	0.000	0
400	33.555	42 088.000	0.000	0
401	65.795	13 712.700	52.261	1
402	10.725	5 195.630	2.208	1
…	…	…	…	…
420	54.835	15 900.500	109.941	1
…	…	…	…	…
440	24.519	13 030 446.000	3 186.000	1

本研究总的农户小额贷款客户的应还本息以及未还本息数据都源于内蒙古某市大型商业银行的2016年的信贷数据库，结果见表5－1第（2）~（3）列，农户小额贷款客户的违约状态列于表5－1的第（4）列。

应该指出，第四章构建的农户小额贷款信用评价模型中的信用评分是本章评级研究的必备基础。

（二）评级数据标准化

将表5－1第1~400行第（1）~（2）列数据按列代入标准化公式（3－1），得到不违约小额贷款农户的信用评分、应还本息的标准化数据，结果列入表5－2第1~2行第（1）~（40）列。

将表5－1第401~440行第（1）~（3）列数据按列代入标准化公式（3－1），得到违约小额贷款农户信用评分、应还本息、未还本息的标准化数据，结果列入

表 5-2 第 1~3 行第（41）~（440）列。

表 5-2　　评级数据的标准化

序号	(a) 指标名称	不违约样本标准化数据			违约样本标准化数据		
		(1) 样本 1	…	(400) 样本 400	(401) 样本 1	…	(440) 样本 40
1	信用评分	0.307	…	0.336	0.658	…	0.394
2	应还本息	0.612	…	0.487	0.151	…	0.606
3	未还本息	—	…	—	0.001	…	0.002

二、拟合边缘分布

（一）核密度参数的计算

（1）信用评分的核参数。将表 5-2 第 1 行对应的（1）~（400）列的不违约小额贷款农户的信用评分的标准化数据代入公式（5-3），得到农户小额贷款客户的信用评分的不违约数据的平均值 $\bar{f_1}$ 为：

$$\bar{f_1} = \frac{1}{n}\sum_{i=1}^{n} f_{1i} = \frac{1}{400}(0.307 + \cdots + 0.336) = 0.378$$

再将表 5-2 的第 1 行的第（1）~（400）列的不违约小额贷款农户的信用评分的标准化数据及刚刚求得的不违约小额贷款农户的信用评分的平均值 $\bar{f_1}$ 代入公式（5-2），得：

$$\begin{aligned} k_1 &= 1.06n^{-0.2}\sqrt{\frac{1}{n-1}\sum_{i=1}^{n}(f_{1i} - \bar{f_1})^2} \\ &= 1.06 \times 400^{-0.2} \times \sqrt{\frac{(0.307 - 0.378)^2 + \cdots + (0.336 - 0.378)^2}{400 - 1}} \\ &= 0.058 \end{aligned}$$

将不违约样本的 k_1 及 $\bar{f_1}$ 分别填入表 5-3 的第 1 行对应的第（1）~（2）列。

同理，将表 5-2 的第 1 行对应的第（401）~（440）列的违约小额贷款农户的信用评分的标准化数据代入公式（5-3），得到农户小额贷款客户信用评分的违约数据的平均值$\bar{f_1}$为：

$$\bar{f_1} = \frac{1}{n}\sum_{i=1}^{n} f_{1i} = \frac{1}{40}(0.658 + \cdots + 0.394) = 0.389$$

再将表5－2的第1行的第（401）～（440）列违约小额贷款农户的信用评分的标准化数据及刚刚求得的违约小额贷款农户的信用评分的平均值$\bar{f_1}$代入公式（5－2），得：

$$\begin{aligned} k_1 &= 1.06n^{-0.2}\sqrt{\frac{1}{n-1}\sum_{i=1}^{n}(f_{1i}-\bar{f_1})^2} \\ &= 1.06 \times 40^{-0.2} \times \sqrt{\frac{(0.658-0.389)^2 + \cdots + (0.394-0.389)^2}{40-1}} \\ &= 0.080 \end{aligned}$$

将违约小额贷款农户的k_1及$\bar{f_1}$分别填入表5－3的第1行对应的第（3）～（4）列。

（2）应收本息的核参数。将表5－2第2行对应的（1）～（400）列的不违约小额贷款农户的应还本息的标准化数据代入公式（5－6），得到农户小额贷款客户的应还本息的不违约数据的平均值$\bar{f_2}$为：

$$\bar{f_2} = \frac{1}{n}\sum_{i=1}^{n} f_{2i} = \frac{1}{400}(0.612 + \cdots + 0.487) = 0.420$$

再将表5－2的第2行的第（1）～（400）列的不违约样本的应还本息的标准化数据及刚刚求得的不违约小额贷款农户的应还本息的平均值$\bar{f_1}$代入公式（5－5），得：

$$\begin{aligned} k_2 &= 1.06n^{-0.2}\sqrt{\frac{1}{n-1}\sum_{i=1}^{n}(f_{2i}-\bar{f_2})^2} \\ &= 1.06 \times 400^{-0.2} \times \sqrt{\frac{(0.612-0.420)^2 + \cdots + (0.487-0.420)^2}{400-1}} \\ &= 0.060 \end{aligned}$$

将不违约小额贷款农户的k_2及$\bar{f_2}$分别填入表5－3的第1行对应的第（1）～（2）列。

同理，将表5－2的第2行对应的第（401）～（440）列的违约样本的应还本息的标准化数据代入公式（5－6），得到农户小额贷款客户应还本息的违约数据的平均值$\bar{f_2}$为：

$$\bar{f_2} = \frac{1}{n}\sum_{i=1}^{n} f_{2i} = \frac{1}{40}(0.151 + \cdots + 0.606) = 0.492$$

再将表 5－2 的第 2 行的第（401）~（440）列违约小额贷款农户的应还本息的标准化数据及刚刚求得的违约小额贷款农户的应还本息的平均值$\bar{f_2}$代入公式（5－5），得：

$$\begin{aligned} k_2 &= 1.06n^{-0.2}\sqrt{\frac{1}{n-1}\sum_{i=1}^{n}(f_{2i}-\bar{f_2})^2} \\ &= 1.06 \times 40^{-0.2} \times \sqrt{\frac{(0.151-0.492)^2 + \cdots + (0.606-0.492)^2}{40-1}} \\ &= 0.117 \end{aligned}$$

将违约样本的 k_2 及$\bar{f_2}$分别填入表 5－3 的第 2 行对应的第（3）~（4）列。

（3）未还本息的核参数。因为不违约客户的未还本息为 0，所以只需要计算违约小额贷款农户的未还本息的核参数，计算如下：

将表 5－2 的第 3 行对应的第（401）~（440）列的违约样本的未还本息的标准化数据代入公式（5－9），得到农户小额贷款客户未还本息的违约数据的平均值$\bar{f_3}$为：

$$\bar{f_3} = \frac{1}{n}\sum_{i=1}^{n} f_{3i} = \frac{1}{40}(0.001 + \cdots + 0.002) = 0.078$$

再将表 5－2 的第 3 行的第（401）~（440）列违约小额贷款农户的未还本息的标准化数据及刚刚求得的违约小额贷款农户的未还的平均值$\bar{f_2}$代入公式（5－8），得：

$$\begin{aligned} k_3 &= 1.06n^{-0.2}\sqrt{\frac{1}{n-1}\sum_{i=1}^{n}(f_{3i}-\bar{f_3})^2} \\ &= 1.06 \times 40^{-0.2} \times \sqrt{\frac{(0.001-0.078)^2 + \cdots + (0.002-0.078)^2}{40-1}} \\ &= 0.109 \end{aligned}$$

将违约小额贷款农户的 k_3 及$\bar{f_3}$分别填入表 5－3 的第 3 行对应的第（3）~（4）列。

表 5-3　　评级指标的光滑参数

序号	(a) 指标名称	不违约样本光滑参数		违约样本光滑参数	
		（1）平均值	（2）光滑参数 k	（3）平均值	（4）光滑参数 k
1	信用评分	0.378	0.058	0.389	0.080
2	应还本息	0.420	0.060	0.492	0.117
3	未还本息	—	—	0.078	0.109

（二）核密度分布函数取值的计算

（1）信用评分的分布函数值。将表5-3第1行的第（2）列的不违约样本的光滑参数 k_1 取值0.058代入公式（5-3）的函数 φ 中的分母，将表5-2第（1）列 f_{11} 取值0.307代入式（5-3）的函数 φ 中的分子第一项，将表5-2第1行的（1）~（400）列的所有值代入公式（5-3）的函数 φ 中的分子第二项 φ 值由Excel中正态分布函数生成，则第一个不违约小额贷款农户的信用评分分布函数值 y_1 为：

$$
\begin{aligned}
y_1 &= F_1(f_{11}) \\
&= \frac{1}{n}\sum_{j=1}^{n}\Phi\left(\frac{f_{11}-f_{1j}}{k_1}\right) \\
&= \frac{1}{400}\left[\Phi\left(\frac{0.307-0.307}{0.058}\right)+\cdots+\Phi\left(\frac{0.336-0.307}{0.058}\right)\right] \\
&= 0.309
\end{aligned}
$$

结果填入表5-4第1行的第（1）列。同理将表5-4第1行的（2）~（400）列数据分别代入公式（5-3），依次可得到其他的不违约小额贷款农户的分布函数值 y_i，结果分别列入表5-4的第1行的第（2）~（400）列。

将表5-3第1行的第（4）列的违约小额贷款农户的光滑参数 k_1 取值0.060代入公式（5-3）的函数 φ 中的分母，将表5-2第（401）列 $f_{1,401}$ 取值0.658代入式（5-3）的函数 φ 中的分子第一项，将表5-2第1行的（401）~（440）列的所有值代入公式（5-3）的函数 φ 中的分子第二项 φ 值由Excel中正态分布函数生成，则第一个违约小额贷款农户的信用评分分布函数值 y_1 为：

$$
\begin{aligned}
y_1 &= F_1(f_{11}) \\
&= \frac{1}{n}\sum_{j=1}^{n}\Phi\left(\frac{f_{11}-f_{1j}}{k_1}\right) \\
&= \frac{1}{40}\left[\Phi\left(\frac{0.658-0.658}{0.080}\right)+\cdots+\Phi\left(\frac{0.394-0.658}{0.080}\right)\right] \\
&= 0.925
\end{aligned}
$$

结果填入表5－4第1行的第（401）列。同理将表5－4第1行的（402）~（440）列数据分别代入公式（5－3），依次可得到其他的违约小额贷款农户的分布函数值 y_i，结果分别列入表5－4的第1行的第（402）~（440）列。

（2）应还本息的分布函数值。将表5－3第2行的第（2）列的不违约小额贷款农户的光滑参数 k_2 取值0.060代入公式（5－4）的函数 φ 中的分母，将表5－2第（1）列 f_{21} 取值0.612代入式（5－3）的函数 φ 中的分子第一项，将表5－2第2行的（1）~（400）列的所有值代入公式（5－4）的函数 φ 中的分子第二项 φ 值由 Excel 中正态分布函数生成，则第一个不违约小额贷款农户的应还本息分布函数值 z_1 为：

$$
\begin{aligned}
z_1 &= F_2(f_{21}) \\
&= \frac{1}{n}\sum_{j=1}^{n}\Phi\left(\frac{f_{21}-f_{2j}}{k_2}\right) \\
&= \frac{1}{400}\left[\Phi\left(\frac{0.612-0.612}{0.060}\right)+\cdots+\Phi\left(\frac{0.487-0.612}{0.060}\right)\right] \\
&= 0.787
\end{aligned}
$$

结果填入表5－4第2行的第（1）列。同理将表5－4第2行的（2）~（400）列数据分别代入公式（5－4），依次可得到其他的不违约小额贷款农户的分布函数值 z_i，结果分别列入表5－4的第2行的第（2）~（400）列。

将表5－3第2行的第（4）列的违约小额贷款农户的光滑参数 k_2 取值0.117代入公式（5－4）的函数 φ 中的分母，将表5－2第（401）列 $f_{2,401}$ 取值0.151代入式（5－4）的函数 φ 中的分子第一项，将表5－2第2行的（401）~（440）列的所有值代入公式（5－4）的函数 φ 中的分子第二项 φ 值由 Excel 中正态分布函数生成，则第一个违约小额贷款农户的应还本息分布函数值 z_1 为：

$$\begin{aligned} z_1 &= F_2(f_{21}) \\ &= \frac{1}{n}\sum_{j=1}^{n}\Phi\left(\frac{f_{21}-f_{2j}}{k_2}\right) \\ &= \frac{1}{40}\left[\Phi\left(\frac{0.151-0.151}{0.117}\right)+\cdots+\Phi\left(\frac{0.606-0.151}{0.117}\right)\right] \\ &= 0.106 \end{aligned}$$

结果填入表 5－4 第 2 行的第（401）列。同理将表 5－4 第 2 行的（402）~（440）列数据分别代入公式（5－4），依次可得到其他的违约小额贷款农户的分布函数值 z_i，结果分别列入表 5－4 的第 2 行的第（402）~（440）列。

（3）未还本息的分布函数值。同样地，我们只求违约小额贷款农户的未还本息分布函数值，计算结果如下：

将表 5－3 第 3 行的第（4）列的违约小额贷款农户的光滑参数 k_3 取值 0.078 代入公式（5－7）的函数 φ 中的分母，将表 5－2 第（401）列 $f_{3,401}$ 取值 0.001 代入式（5－7）的函数 φ 中的分子第一项，将表 5－2 第 3 行的（401）~（440）列的所有值代入公式（5－7）的函数 φ 中的分子第二项 φ 值由 Excel 中正态分布函数生成，则第一个违约小额贷款农户的应还本息分布函数值 p_1 为：

$$\begin{aligned} p_1 &= F_3(f_{31}) \\ &= \frac{1}{n}\sum_{j=1}^{n}\Phi\left(\frac{f_{31}-f_{3j}}{k_3}\right) \\ &= \frac{1}{40}\left[\Phi\left(\frac{0.001-0.001}{0.078}\right)+\cdots+\Phi\left(\frac{0.002-0.001}{0.078}\right)\right] \\ &= 0.392 \end{aligned}$$

结果填入表 5－4 第 3 行的第（401）列。同理将表 5－4 第 3 行的（402）~（440）列数据分别代入公式（5－7），依次可得到其他的违约小额贷款农户的分布函数值 p_i，结果分别列入表 5－4 的第 3 行的第（402）~（440）列。

表 5 - 4　　评级指标的分布函数值

序号	(a) 指标名称	不违约样本分布函数值			违约样本分布函数值		
		(1) 样本 1	…	(400) 样本 400	(401) 样本 401	…	(440) 样本 440
1	信用评分	0. 309	…	0. 422	0. 925	…	0. 569
2	应还本息	0. 787	…	0. 365	0. 106	…	0. 654
3	未还本息	—	…	—	0. 392	…	0. 541

三、最优 Copula 函数拟合联合分布

（一）Copula 函数参数的估计

将表 5 - 2 第（1）~（400）列的不违约样本的标准化数值及表 5 - 4 的（1）~（400）列的不违约小额贷款农户的分布函数值代入公式（5 - 17），通过求导计算，得到不违约小额贷款农户的三类 Copula 函数，即 Gumbel Copula、Clayton Copula 和 Frank Copula 的最优参数值 α、θ 和 λ。结果列于表 5 - 5 的第（c）列。

同理将表 5 - 2 第（401）~（440）列的违约小额贷款农户的标准化数值及表 5 - 4 的（401）~（440）列的违约小额贷款农户的分布函数值代入公式（5 - 17），通过求导计算，得到不违约小额贷款农户的三类 Copula 函数，即 Gumbel Copula、Clayton Copula 和 Frank Copula 的最优参数值 α、θ 和 λ。结果列于表 5 - 5 的第（d）列。

（二）不违约小额贷款农户的函数值

不违约小额贷款农户的 Gumbel Copula 函数值的算法是将表 5 - 4 的（1）~（400）列数据和表 5 - 5 第（c）列的第 1 行数据分别代入公式（5 - 10），进而得到不违约小额贷款农户的 Gumbel Copula 函数值，以样本 1 为例，计算过程如下：

$$C_1(y_1, z_1) = \exp\{-[(-\ln y_1)^{1/\alpha} + (-\ln z_1)^{1/\alpha}]^{\alpha}\}$$
$$= \exp\{-[(-\ln(0.309))^{1/0.941} + (-\ln(0.787))^{1/0.941}]^{0.941}\}$$
$$= 0.252$$

结果列入表 5 - 5 的第（1）列，同理可得样本 2 ~ 400 的 Gumbel Copula 函数值，列于表 5 - 5 的（2）~（400）列。

不违约小额贷款农户的 Clayton Copula 的函数值算法是将表 5 - 4 第（1）列的数据和表 5 - 5 第（c）列的第 2 行数据代入公式（5 - 11），得：

$$C_2(y_1, z_1) = (y_1^{-\theta} + z_1^{-\theta} - 1)^{-1/\theta}$$
$$= (0.309^{-0.031} + 0.787^{-0.031} - 1)^{-1/0.031}$$
$$= 0.246$$

同理将表 5 - 4 第（2）~（400）列数据和表 5 - 5 第（c）列的第 2 行数据代入公式（5 - 11），得样本（2）~（400）的 Clayton Copula 的函数值，将上述结果列入表 5 - 5 的第（1）~（400）列。

不违约小额贷款农户的 Frank Copula 的函数值算法是将表 5 - 4 第（1）列的数据和表 5 - 5 第（c）列的第 3 行数据代入公式（5 - 12），得：

$$C_3(y_1, z_1) = -\frac{1}{\lambda}\ln\left[1 + \frac{(e^{-\lambda y_1} - 1)(e^{-\lambda z_1} - 1)}{(e^{-\lambda} - 1)}\right]$$
$$= -\frac{1}{0.314}\ln\left[1 + \frac{(e^{-0.314 * 0.309} - 1)(e^{-0.314 * 0.787} - 1)}{(e^{-0.314} - 1)}\right]$$
$$= 0.249$$

（三）违约小额贷款农户的函数值

违约小额贷款农户的 Gumbel Copula 函数值的算法是将表 5 - 4 的（401）列数据和表 5 - 5 第（d）列的第 1 行数据代入公式（5 - 13），得：

$$C_1(y_1, z_1, p_1) = \exp\{-[(-\ln y_1)^{1/\alpha} + (-\ln z_1)^{1/\alpha} + (-\ln p_1)^{1/\alpha}]^{\alpha}\}$$
$$= \exp\{-[(-\ln(0.925))^{1/0.926} + (-\ln(0.106))^{1/0.926} + (-\ln(0.392))^{1/0.926}]^{0.926}\}$$
$$= 0.041$$

结果列入表 5 - 5 的第 1 行的第（401）列，同理可得样本 402 ~ 440 的 Gumbel Copula 函数值，列于表 5 - 5 第 1 行的（402）~（440）列。

违约小额贷款农户的 Clayton Copula 的函数值算法是将表 5－4 第（401）列的数据和表 5－5 第（d）列的第 2 行数据代入公式（5－14），得：

$$\begin{aligned} C_2(y_1, z_1, p_1) &= (y_1^{-\theta} + z_1^{-\theta} + p_1^{-\theta} - 1)^{-1/\theta} \\ &= (0.084^{-0.082} + 0.106^{-0.082} + 0.392^{-0.082} - 1)^{-1/0.082} \\ &= 0.095 \end{aligned}$$

结果列入表 5－5 第 2 行的第（401）列，同理可得样本 402～440 的 Clayton Copula 函数值，列于表 5－5 第 2 行的（402）～（440）列。

违约小额贷款农户的 Frank Copula 的函数值算法是将表 5－4 第（401）列的数据和表 5－5 第（d）列的第 3 行数据代入公式（5－15），得：

$$\begin{aligned} C_3(y_1, z_1, p_1) &= -\frac{1}{\lambda}\ln\left[1 + \frac{(e^{-\lambda y_1} - 1)(e^{-\lambda z_1} - 1)(e^{-\lambda p_1} - 1)}{(e^{-\lambda} - 1)}\right] \\ &= -\frac{1}{0.481}\ln\left[1 + \frac{(e^{-0.481*0.084} - 1)(e^{-0.481*0.106} - 1)(e^{-0.481*0.392} - 1)}{(e^{-0.481} - 1)}\right] \\ &= 0.080 \end{aligned}$$

结果列入表 5－5 第 3 行的第（401）列，同理可得样本 402～440 的 Frank Copula 函数值，列于表 5－5 第 3 行的（402）～（440）列。

表 5－5　　Copula 参数及函数值

序号	(a) 函数	(b) 参数	不违约小额贷款农户				违约小额贷款农户			
			(c) 参数值	(1) 样本 1	…	(400) 样本 400	(d) 参数值	(401) 样本 401	…	(440) 样本 440
1	C_1	α	0.941	0.252	…	0.166	0.926	0.041	…	0.190
2	C_2	θ	0.031	0.246	…	0.158	0.082	0.095	…	0.108
3	C_3	λ	0.314	0.249	…	0.163	0.481	0.080	…	0.070
4	E_i		—	0.815	…	0.179	—	0.423	…	0.068

（四）最优 Copula 的选取

选取最优 Copula 即找到与标准均匀分布的数列欧式距离最小的函数。这里我们要根据是否违约分别选取最优 Copula 函数。

针对不违约小额贷款农户，利用 matlab 随机生成 400 个 0～1 的均匀分布的数，列入表 5－5 第 4 行对应的（1）~（400）列。

针对违约小额贷款农户，利用 matlab 随机生成 40 个 0~1 的均匀分布的数，列入表 5－5 第 4 行对应的（401）~（440）列。

将表 5－5 的第 1 行和第 5 行的第（1）~（400）列数据代入公式（5－18），得到不违约小额贷款农户的 Gumbel Copula 函数与均匀分布数列的欧式距离：

$$d = \sqrt{\sum_{i=1}^{n}(C_i - E_i)^2}$$
$$= \sqrt{(0.252 - 0.815)^2 + (0.418 - 0.906)^2 + \cdots + (0.166 - 0.179)^2}$$
$$= 8.652$$

将表 5－5 的第 1 行和第 5 行的第（401）~（440）列数据代入公式（5－18），得到违约小额贷款农户的 Gumbel Copula 函数与均匀分布数列的欧式距离：

$$d = \sqrt{\sum_{i=1}^{n}(C_i - E_i)^2}$$
$$= \sqrt{(0.041 - 0.423)^2 + (0.001 - 0.094)^2 + \cdots + (0.190 - 0.068)^2}$$
$$= 3.021$$

分别将不违约小额贷款农户和违约小额贷款农户的 Gumbel Copula 函数与均匀分布数列的欧式距离列入表 5－6 的第（1）列和第（4）列。

将表 5－5 的第 2 行和第 5 行的第（1）~（400）列数据代入公式（5－18），得到不违约小额贷款农户的 Glayton Copula 函数与均匀分布数列的欧式距离：

$$d = \sqrt{\sum_{i=1}^{n}(C_i - E_i)^2}$$
$$= \sqrt{(0.246 - 0.815)^2 + (0.407 - 0.906)^2 + \cdots + (0.158 - 0.179)^2}$$
$$= 8.694$$

将表 5－5 的第 1 行和第 5 行的第（401）~（440）列数据代入公式（5－18），得到违约小额贷款农户的 Glayton Copula 函数与均匀分布数列的欧式距离：

$$d = \sqrt{\sum_{i=1}^{n}(C_i - E_i)^2}$$
$$= \sqrt{(0.095 - 0.423)^2 + (0.066 - 0.094)^2 + \cdots + (0.108 - 0.068)^2}$$
$$= 2.991$$

分别将不违约小额贷款农户和违约小额贷款农户的 Glayton Copula 函数与

均匀分布数列的欧式距离列入表 5-6 的第（2）列和第（5）列。

将表 5-5 的第 3 行和第 5 行的第（1）~（400）列数据代入公式（5-18），得到不违约小额贷款农户的 Frank Copula 函数与均匀分布数列的欧式距离：

$$
\begin{aligned}
d &= \sqrt{\sum_{i=1}^{n}(C_i - E_i)^2} \\
&= \sqrt{(0.249 - 0.815)^2 + (0.111 - 0.906)^2 + \cdots + (0.163 - 0.179)^2} \\
&= 12.562
\end{aligned}
$$

将表 5-5 的第 3 行和第 5 行的第（401）~（440）列数据代入公式（5-18），得到违约小额贷款农户的 Frank Copula 函数与均匀分布数列的欧式距离：

$$
\begin{aligned}
d &= \sqrt{\sum_{i=1}^{n}(C_i - E_i)^2} \\
&= \sqrt{(0.080 - 0.423)^2 + (0.127 - 0.094)^2 + \cdots + (0.070 - 0.068)^2} \\
&= 3.097
\end{aligned}
$$

分别将不违约小额贷款农户和违约小额贷款农户的 Frank Copula 函数与均匀分布数列的欧式距离列入表 5-6 的第（3）列和第（6）列。

表 5-6　欧式距离值

类型	不违约小额贷款农户			违约小额贷款农户		
	(1) C_1	(2) C_2	(3) C_3	(4) C_1	(5) C_2	(6) C_3
距离 d	8.652	8.694	12.562	3.021	2.991	3.097

从表 5-6 中可以看出，不违约小额贷款农户的 Gumbel Copula 函数值与标准均匀分布数列的欧式距离最小，所以不违约小额贷款农户的最优 Copula 函数为 Gumbel Copula 函数。违约小额贷款农户的 Clayton Copula 函数值与标准均匀分布数列的欧式距离最小，所以违约小额贷款农户的最优 Copula 函数为 Clayton Copula 函数。

四、蒙特卡洛模拟

蒙特卡洛模拟产生不违约小额贷款农户的随机数：

步骤1：依据不违约小额贷款农户的联合分布函数，生成小额贷款农户信用评分、应还本息的分布函数值的随机数对（Y_i，Z_i）。

步骤2：通过分布函数（5－1）的反函数得到小额贷款农户信用评分随机数 $R_{1i}=F_1^{-1}(Y_i)$，通过分布函数（5－4）的反函数得到应还本息随机数 $R_{2i}=F_2^{-1}(Z_i)$。

步骤3：分别将小额贷款农户信用评分、应还本息的标准化随机序列代入公式（3－1）的变形公式进行数据还原，得到未标准化的小额贷款农户信用评分、应还本息的随机序列。

步骤4：在剔除异常值后最终得到不违约小额贷款农户的信用评分、应还本息的5 900个评级大样本。

蒙特卡洛模拟产生违约小额贷款农户随机数：

步骤1：依据违约小额贷款农户的联合分布函数，生成小额贷款农户的信用评分、应还本息以及未还本息的分布函数值的随机数对（Y_i，Z_i，P_i）。

步骤2：通过分布函数（5－1）的反函数得到小额贷款农户信用评分随机数 $R_{1i}=F_1^{-1}(Y_i)$，通过分布函数（5－4）的反函数得到小额贷款农户应还本息随机数 $R_{2i}=F_2^{-1}(Z_i)$，通过分布函数（5－7）的反函数得到小额贷款农户未还本息随机数 $R_{3i}=F_3^{-1}(P_i)$。

步骤3：分别将小额贷款农户信用评分、应还本息以及未还本息的标准化随机序列代入公式（3－1）的变形公式进行数据还原，得到未标准化的小额贷款农户信用评分、应还本息以及未还本息的随机序列。

步骤4：在剔除异常值后最终得到违约小额贷款农户的信用评分分、应还本息以及未还本息的590个评级大样本。

以上蒙特卡洛模拟过程使用Matlab软件内置程序完成。将违约小额贷款农户的590个随机样本与不违约小额贷款农户的5 900个随机样本组合在一起，将不违约小额贷款农户的未还本息数据取值全部为0，得到共计数目为6 490个的内蒙古农户小额贷款客户的大样本评级数据。

以信用评分为排序变量，按信用评分从高到低的顺序，将内蒙古农户小额贷款客户的6 490个大样本评级数据列入表5－7。

表 5 - 7　　大样本评级数据与初步评级

序号	(a) 等级	(b) 个数	(1) 信用评分	(2) 应还本息	(3) 未还本息	(4) 应还本息和	(5) 未还本息和	(6) LGD
1	AAA	104	97. 802	14 166. 96	0. 00	4 541 301. 00	65 606. 17	1. 445%
…			…	…	…			
8			94. 964	3 923. 65	13. 026			
…			…	…	…			
90			89. 475	60 924. 99	89. 475			
…			…	…	…			
104			88. 716	61 363. 02	0. 00			
105	AA	42	88. 507	62 306. 19	0. 0	4 126 186	97 306. 25	28. 402%
…			…	…	…			
120			86. 142	9 001. 81	86. 142			
…			…	…	…			
140			82. 126	45 514. 34	82. 126			
…			…	…	…			
146			70. 283	49 441. 07	0. 0			
…	…	…	…	…	…	…	…	…
434	BB	1 085	60. 858	57 970. 69	0. 0	48 025 657	1 600 669	3. 333%
…			…	…	…			
450			60. 679	36 040. 61	0. 0			
…			…	…	…			
1001			55. 783	43 239. 14	25 751. 6			
…			…	…	…			
1518			51. 634	53 343. 29	0. 0			
…	…	…	…	…	…	…	…	…

续表

序号	(a) 等级	(b) 个数	(1) 信用评分	(2) 应还本息	(3) 未还本息	(4) 应还本息和	(5) 未还本息和	(6) LGD
4411	CC	1 377	33. 156	18 090. 75	0. 0	58 371 539	3 523 650	6. 037%
…			…	…	…			
4900			29. 836	60 273. 80	0. 0			
…			…	…	…			
5600			25. 214	57 634. 16	0. 0			
…			…	…	…			
5787			23. 923	27 699. 75	0. 0			
5788	C	703	23. 921	60 609. 40	0. 0	30 258 879	794 259. 3	2. 625%
…			…	…	…			
6004			21. 882	21 601. 32	11 531. 2			
…			…	…	…			
6204			20. 237	31 508. 24	2 688. 7			
…			…	…	…			
6490			14. 692	55 416. 78	0. 0			

表5－7第（1）~（3）列分别是农户小额贷款客户的大样本评级数据的信用评分、应还本息以及未还本息。

五、初步建立评级模型

（一）计算分割点

由表5－7第1行第（1）列可以看出信用评分的最大值 M 为97. 802，最小值 m 为14. 692。

将 M 和 m 代入式（5－19），得：

$$m_1 = M - \frac{1}{9}(M - m) = 97.802 - \frac{97.802 - 14.693}{9} = 88.567$$

$$m_2 = M - \frac{2}{9}(M - m) = 97.802 - \frac{2 \times (97.802 - 14.692)}{9} = 79.333$$

$$m_3 = M - \frac{3}{9}(M - m) = 97.802 - \frac{3 \times (97.802 - 14.692)}{9} = 70.098$$

$$m_4 = M - \frac{4}{9}(M - m) = 97.802 - \frac{4 \times (97.802 - 14.692)}{9} = 60.864$$

$$m_5 = M - \frac{5}{9}(M - m) = 97.802 - \frac{5 \times (97.802 - 14.692)}{9} = 51.630$$

$$m_6 = M - \frac{6}{9}(M - m) = 97.802 - \frac{6 \times (97.802 - 14.692)}{9} = 42.395$$

$$m_7 = M - \frac{7}{9}(M - m) = 97.802 - \frac{7 \times (97.802 - 14.692)}{9} = 33.160$$

$$m_8 = M - \frac{8}{9}(M - m) = 97.802 - \frac{8 \times (97.802 - 14.692)}{9} = 23.927$$

（二）建立评级标准以及初步建立评级模型

根据计算得到的分割点，我们很容易用等分法将信用评分划分成 9 个等级，建立等分法的评级标准见表 5－8，从而建立基于等分法的农户小额贷款信用评级模型。

表 5－8　　等分法评级标准

序号	（1）评级区间	（2）信用等级
1	$88.567 < R_s \leqslant 100$	AAA
2	$79.333 < R_s \leqslant 88.567$	AA
3	$70.098 < R_s \leqslant 79.333$	A
4	$60.864 < R_s \leqslant 70.098$	BBB
5	$51.630 < R_s \leqslant 60.864$	BB
6	$42.395 < R_s \leqslant 51.630$	B
7	$33.160 < R_s \leqslant 42.395$	CCC
8	$23.927 < R_s \leqslant 33.160$	CC
9	$0 \leqslant R_s \leqslant 23.927$	C

（三）计算各等级下的违约损失率

分别将表5－7第（2）列、第（3）列代入公式（5－21）和（5－22），算出不同信用等级下的应还和未还本息和，结果分别填入表5－7第（4）列和第（5）列。然后分别将这两列数据代入公式（5－20），求得各信用等级相应的违约损失率，见表5－7第（6）列。

（四）等分法评级模型的合理性检验

通过Excel作图功能，将表5－7的9个信用等级及其各自对应的LGD分别作为横轴和纵轴，得到LGD与信用等级变化的关系图，结果见图5－2。

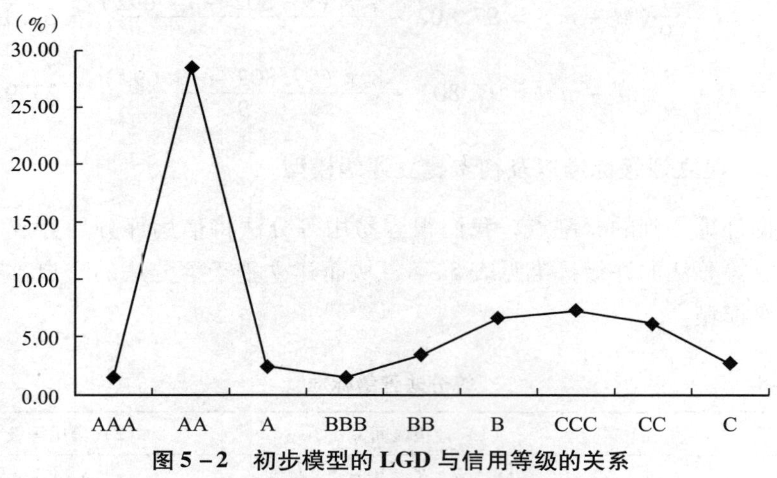

图5－2　初步模型的LGD与信用等级的关系

图5－2显示，当信用等级从AAA到C逐级递减的时候，违约损失率的变化趋势忽上忽下，并不是单调递增的。

所以根据高信用等级低违约损失率的原则，只根据信用评分划分的信用等级是不合理的。

六、最终构建评级模型

（一）动态调整初步的评级模型

对表 5－8 中的分割点做动态调整，使得最后的评级模型满足违约损失率随信用等级递减而递增。调整后的结果列入表 5－9。

表 5－9　　　　动态调整后的信用等级和违约损失率

序号	(a) 等级	(b) 个数	(1) 信用评分	(2) 应还本息	(3) 未还本息	(4) 应还本息和	(5) 未还本息和	(6) LGD
1	AAA	120	97.802	14 167.00	0.0	50 856 807	79 648.2	1.566%
…			…	…	…			
53			90.750	80 054.65	0.0			
…			…	…	…			
100			88.934	70 728.97	0.0			
…			…	…	…			
120			86.142	9 001.81	0.0			
…	…	…	…	…	…	…	…	…
667	BB	852	58.544	29 363.30	0.0	37 089 736	1 352 026	3.645%
…			…	…	…			
859			56.981	35 460.18	0.0			
…			…	…	…			
1210			54.029	9 018.05	0.0			
…			…	…	…			
1518			51.634	53 343.30	0.0			
…	…	…	…	…	…	…	…	…

续表

序号	(a) 等级	(b) 个数	(1) 信用评分	(2) 应还本息	(3) 未还本息	(4) 应还本息和	(5) 未还本息和	(6) LGD
4412	C	1 079	33. 153	26 482. 90	0. 0	4 985 175. 8	4 317 910	8. 662%
…			…	…	…			
4510			32. 406	25 378. 40	0. 0			
…			…	…	…			
6000			21. 906	62 032. 84	0. 0			
…			…	…	…			
6490			14. 692	55 416. 80	0. 0			

（二）动态调整后的评级模型的合理性检验

同理，以调整后的信用等级即表 5 - 10 的第（2）列和违约损失率即表 5 - 10 的第（3）列分别做横轴和纵轴，得到了新的 LGD 与信用等级的关系图，见图 5 - 3。

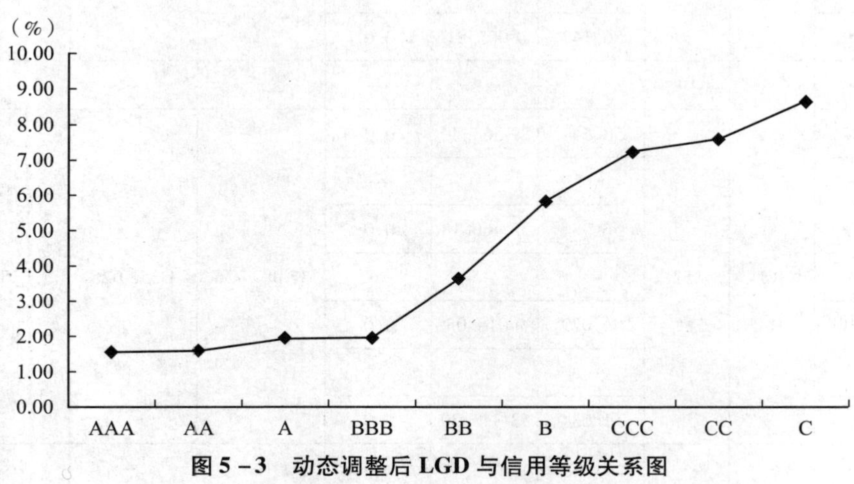

图 5 - 3　动态调整后 LGD 与信用等级关系图

图 5 - 3 显示，违约损失率随着信用等级降低而增大，可以得出结论：经

调整后的微型企业债信评级模型是最终构建的合理评级模型，即表 5 - 10。

表 5 - 10　　内蒙古农户小额贷款信用评级模型

序号	（1）评级区间	（2）信用等级	（3）违约损失率	（4）序关系
1	$86.142 < R_s \leq 100$	AAA	1.566%	↓
2	$68.840 < R_s \leq 86.142$	AA	1.578%	
3	$60.830 < R_s \leq 68.840$	A	1.931%	
4	$58.572 < R_s \leq 60.830$	BBB	1.950%	
5	$51.634 < R_s \leq 58.572$	BB	3.645%	
6	$45.179 < R_s \leq 51.634$	B	5.840%	
7	$39.862 < R_s \leq 45.179$	CCC	7.228%	
8	$33.156 < R_s \leq 39.862$	CC	7.576%	
9	$0 \leq R_s \leq 33.156$	C	8.662%	

七、几点说明

（1）本章构建的信用评级模型对任何信用评分体系都适用。

通过对某商业银行的 440 个内蒙古农户小额贷款客户、某商业银行的微型企业等众多评价指标体系进行测试，利用本章构建的动态调整的信用评级模型，都可以达到“信用等级越高，违约损失率越低”的原则。

（2）本章的实证结果表明：第三章构建的由 10 个信用等级评价指标的农户小额贷款信用等级评价指标体系，能够满足“信用等级越高，违约损失率越低”的原则。

同时因为本章采用的信用评分是通过第四章信用等级评价模型测算得到的，而按照第四章获得的信用评分进行排序和调整满足“信用等级越高，违约损失率越低”的原则，也间接地证明了第四章构建的信用等级评价模型的合理性。

第五节　本章小结

一、主要工作

一是通过比较 Gumbel、Clayton、Frank 三类 Copula 函数与标准均匀分布数列的欧式距离，得到违约小额贷款农户的最优 Copula 函数是 Clayton Copula 函数，不违约小额贷款农户的最优 Copula 函数是 Gumbel Copula 函数。

二是通过蒙特卡洛模拟出信用评级模型所需要的农户小额贷款客户的大样本随机数。

三是通过等分法及动态调整法结合，构建了满足“信用等级越高，违约损失率越低”的农户小额贷款信用评级模型。

二、主要结论

一是通过最优多元阿基米德 Copula 函数和蒙特卡洛方法将农户小额贷款信用等级评价指标的小样本数据扩充为评级大样本数据。

二是通过对等分法初步建立的农户小额贷款信用评级模型作动态调整，构建了随信用等级降低违约损失率增大的合理的农户小额贷款信用评级模型。

三、主要创新

一是通过最优多元阿基米德 Copula 函数拟合出多个评价指标的联合分布函数，然后通过蒙特卡洛模拟出农户小额贷款评级模型建立所需的大样本数据，弥补了违约数据太少而无法划分信用等级的不足。

二是将信用评分等分的方法与动态调整结合，构建了一套高信用等级对应低违约损失率的农户小额贷款信用评级体系，改善了现阶段只对信用评分划分信用等级进而忽略高等级对应低违约损失率原则的境况。

第六章

基于最大分离度改进投影寻踪的农户贷款信用评级模型

第一节　问题的提出

在银行对农户的信用风险评价中，主要任务就是以信用风险评价指标体系为基础，应用赋权方法测算每个农户的信用风险得分，并依据信用风险得分划分风险等级。由于农户贷款按照违约状态可以分为违约农户与不违约农户两类，为避免出现信用评级中违约农户高评级以及不违约农户低评级的不合理状况，因此信用风险评价应同时考虑农户的违约信息。

国内外关于信用风险评价研究主要有统计学研究方法和人工智能研究方法两类。基于统计学方法的信用风险评价研究中，代表性的有奥古特（Öğüt）等将多元判别分析方法与有序 Logistic 回归模型结合测算信用风险[113]、里姆和索恩（Lim & Sohn）运用多元聚类分析建立动态评级得分模型[114]、马利克和托马斯（Malik & Thomas）使用马尔科夫转移矩阵建立信用评级得分模型[115]、希波利尼和费奥德利希（Cipollini & Fiordelisi）利用面板 Probit 回归方法建立信用评级模型[116]、加西亚（García）等使用非参数最近邻法建立信用评级模型[117]、张目和周宗放使用投影寻踪最优分割技术对高技术企业建立信用风险评级模型[118]、王春峰和李汶华利用投影寻踪技术提出了商业银行信用风险评估领域的判别方法[119]。基于人工智能方法的信用风险评价中，代表性的有陈（Chen）等利用支持向量机技术建立信用风险评级模型[120]、阿布多（Abdou）使用神经网络方法对信用风险进行分类[121]、迟和许（Chi & Hsu）使用智能遗传算法建立信用风险评级模型[122]、塔巴克（Tabak）等利用非参数分类树决策方法建立信用风险评级模型[123]。

现有的信用风险评级模型都可以测算风险得分并进行分类评级，但现有模型在评级中没有考虑违约信息，因此无法有效地区分违约农户与非违约农户。

本章在传统的投影寻踪模型基础上，通过使用违约农户与非违约农户的最大分离度对投影寻踪模型进行改进，建立了改进投影寻踪—最优分割的信用风险评级模型，解决了建立有效区分违约农户与不违约农户的信用风险评级问题。

第二节 模型原理

一、投影寻踪模型

为准确反映高维数据的分布规律，投影寻踪模型（projection pursuit，PP）在1974年由美国学者弗里德曼和图基（Friedman & Tukey）首次提出。该模型可以将高维空间的非线性、非正态、多维数的指标数据投影为低维空间的综合指标，因而在各种问题的评价中都有很好的应用。

投影寻踪模型既是新兴的统计模型，同时也是一个非线性最优化模型。该模型表达式如下：

$$D_i = \sum_{j=1}^{m} W_j Y_{ij} \tag{6-1}$$

$$M_{\max} = V \times Q \tag{6-2}$$

$$\text{s. t.} \sum_{j=1}^{m} w_j^2 = 1，w_j > 0 \tag{6-3}$$

式（6－1）是投影值得分函数，其作用是得到每个农户的信用综合得分值。

式（6－1）中，D_i 表示第 i 个农户的信用得分值；W_j 表示第 j 个信用评价指标的投影权重；Y_{ij}表示第 i 个农户的第 j 个信用评价指标的标准化取值，其中 $i=1, 2, \cdots, n$；n 表示样本农户数目。

式（6－2）与式（6－3）构成投影寻踪的非线性优化模型，其作用是按照投影点全局最大的分散、局部最大的密集思路计算最佳的投影向量，即式（6－1）的投影权重向量 W_j。式（6－2）中，M 表示投影结构的目标函数；V 表示投影点 D_i 的标准差；Q 表示投影点 D_i 的局部密度。V 和 Q 的计算公式为式（6－4）与式（6－5）。

$$V = \sqrt{\frac{1}{n-1}\sum_{i=1}^{n}(d_i - \bar{d})^2} \tag{6-4}$$

$$Q = \sum_{i=1}^{n}\sum_{j=1}^{n}(0.1V - |d_i - d_j|) \times q(0.1V - |d_i - d_j|) \tag{6-5}$$

式（6－5）中，若$0.1V < |d_i - d_j|$，则 q 取为0。若$0.1V \geqslant |d_i - d_j|$，则 q 取为1。

二、改进的投影寻踪模型

改进传统投影寻踪模型的目的是使投影点既能全局分散、局部密集，同时也应避免违约投影点与非违约投影点密集在一起。

改进的思路：使用不违约投影点类均值与违约投影点类均值的绝对距离，反映不违约类与违约类的分离度。当类间绝对距离取到最大值时，反映不违约类农户与违约类农户有着最大的分离度。将最大分离度加入投影结构中，可以反映不违约农户与违约农户最大区分的评价思路。

基于最大分离度的改进投影寻踪目标函数为：

$$GM = |\bar{D}_1 - \bar{D}_2| \times V \times Q \tag{6-6}$$

式（6－6）中，GM 表示改进的投影结构目标函数；$\bar{D}_1$ 表示不违约投影点的类均值；$\bar{D}_2$ 表示违约投影点的类均值；$|\bar{D}_1 - \bar{D}_2|$表示不违约投影点与违约投影点的类间绝对距离；V 和 Q 的含义同上。

式（6－6）中，$\bar{D}_1$ 和 $\bar{D}_2$ 的计算公式为：

$$\bar{D}_1 = \frac{1}{k}\sum_{i=1}^{k} d_{1i} \tag{6-7}$$

$$\bar{D}_2 = \frac{1}{n-k}\sum_{i=1}^{n-k} d_{2i} \tag{6-8}$$

其中，k 表示不违约农户的数目；d_{1i} 表示不违约农户的第 i 个投影值；d_{2i} 表示违约农户的第 i 个投影值。

以式（6－6）为目标函数，式（6－2）为约束条件，建立基于最大分离度的改进投影寻踪模型为：

$$\begin{cases} GM_{\max} = |\bar{D}_1 - \bar{D}_2| \times V \times Q \\ \text{s. t. } \sum_{j=1}^{m} w_j^2 = 1 \quad w_j > 0 \end{cases} \tag{6-9}$$

式（6－9）的投影结构经济学意义：一是通过投影点类间绝对距离 $|\bar{D}_1 - \bar{D}_2|$ 取最大值，反映不违约类农户与违约类农户的最大分离程度。二是通过所有投影点标准差 V 和局部密度 Q 取最大值，反映投影点整体分散、局部密集的分布状态。三是通过投影点类间绝对距离 $|\bar{D}_1 - \bar{D}_2|$、投影点标准差 V 和局部密度 Q 同时取最大值，反映投影点分布应满足整体分散、局部密集且不违约类、违约类应最大分离。

与式（6－2）、式（6－3）的传统投影寻踪模型以及现有的信用风险评价模型不同，式（6－9）通过增加不违约类与违约类的最大分离度，直接保证了信用评价权重反映不违约农户与违约农户的区分信息。

式（6－9）的创新与特色是：通过在投影结构中加入违约农户与非违约农户的最大分离度，克服了现有的投影结构对违约农户与非违约农户不加区分的弊端，保证了投影方向在聚类思路基础上同时区分违约农户与非违约农户，增强了模型在信用风险评价中的适用能力。

三、基于最优分割法的评级模型

使用最优分割法的目的是通过对所有农户的信用综合得分进行有序聚类，获得信用评级区间的评级分割点。

使用最优分割法划分信用等级的好处是通过对全部投影点进行整体上的最优分割得到划分等级的最优分割点，克服了普通聚类方法无法对单一指标数据进行分类以及无法得到分割点的弊端。

最优分割法的主要原理是：在有序样品基础上，以类直径反映类内有序样品的偏离程度，通过损失函数最小得到有序样品的最优分割点。

将式（6-9）计算出的投影权重代入式（6-1），得到所有农户的信用得分值序列 D_1，D_2，…，D_n。最优分割法的计算步骤如下[124]：

（1）产生有序信用得分值序列。将信用得分值序列 D_1，D_2，…，D_n 从大到小排序，排序后的信用得分值序列为 D_{p1}，D_{p2}，…，D_{pn}。

（2）度量每一类的偏离度。设 $\{D_{p,i+1}, D_{p,i+2}, \cdots, D_{p,i+j}\}$ 为某类包含的 j 个信用得分值有序样品，则该类的偏离度 $D(i+1, i+j)$ 定义为[124]：

$$D(i+1, i+j) = \sum_{k=i+1}^{i+j}\left(D_{pk} - \frac{1}{j}\sum_{l=1}^{j} D_{pl}\right)^2 \qquad (6-10)$$

（3）度量分类损失函数。设 $C(n, k)$ 为信用得分值有序样品序列 D_{p1}，D_{p2}，…，D_{pn} 分为 k 类的某种分法，不妨设分类结果为：

$$C_1 = \{D_{p1}, D_{p2}, \cdots, D_{p(j1-1)}\},$$

$$C_2 = \{D_{p(j2)}, D_{p(j2+1)}, \cdots, D_{p(j3-1)}\},$$

$$\cdots\cdots$$

$$C_k = \{D_{p(jk)}, D_{p(jk+1)}, \cdots, D_{pn}\}$$

在上述分类下，将所有类的偏离度之和定义为 $C(n, k)$ 分法下的损失函数，则 $C(n, k)$ 分法下的损失函数 $S[C(n, k)]$ 为[12]：

$$S[C(n, k)] = D(1, j1-1) + D(j2, j3-1) + \cdots + D(jk, n) \qquad (6-11)$$

当式（6-11）取最小值时，即损失函数 $S[C(n, k)]$ 取最小值时，此时的分类方法就是最优的 k 分类，此时的分割点就是 k 分类的最优分割，下面 $k=9$。

（4）程序计算中，通过式（6-12）的递推式[12]计算得到 k 分类的最优分割点以及最优 k 分类 $S[C^*(n, k)] = \{C_1, C_2, \cdots, C_k\}$。

$$\begin{cases} S[C^*(n, 2)] = \min\{D(1, j-1) + D(j, n)\} & 2 \leqslant j \leqslant n \\ S[C^*(n, k)] = \min\{D(j-1, k-1) + D(j, n)\} & k \leqslant j \leqslant n \end{cases} \qquad (6-12)$$

第三节 模型的计算步骤

基于改进投影寻踪—最优分割的评级模型的计算过程为：

（1）建立农户的信用风险评价指标并对指标数据进行标准化打分。设 X_{ij} 表示第 i 个农户的第 j 个指标取值，Y_{ij} 的含义同上。若 X_{ij} 为正向指标，则用公式（6-13）来标准化；若 X_{ij} 为负向指标，则用公式（6-14）来标准化。

$$Y_{ij} = \frac{X_{ij} - \min(X_{ij})}{\max(X_{ij}) - \min(X_{ij})} \tag{6-13}$$

$$Y_{ij} = \frac{\max(X_{ij}) - X_{ij}}{\max(X_{ij}) - \min(X_{ij})} \tag{6-14}$$

（2）使用遗传算法计算式（6-9）的最优解，即投影权重向量 W^*。

（3）将投影权重向量 W^* 代入式（6-1），得到所有农户的信用得分值序列 D_1^*，D_2^*，…，D_n^*。

（4）按照以上的最优分割法对农户信用得分值序列 D_1^*，D_2^*，…，D_n^* 最优分类，得到最优分割点。

（5）通过最优分割点对农户信用得分区间进行分割，得到信用评级的临界阈值，建立最终的农户贷款信用评级模型。

第四节　实例计算

一、农户贷款的评级指标体系及数据

将信用风险评价领域国际普遍认可的5C原则与学术文献中农户信用评价的典型指标相结合，围绕宏观经济环境、联保与保证、还款的意愿、还款能力以及家庭基本情况5个层面建立农户信用风险评价指标体系。

评级体系中，使用恩格尔系数、地区GDP增长率两个指标反映宏观经济环境准则层，使用联保组成员关系、保证人的实力两个指标反映联保与保证准则层，使用居住的稳定性反映还款意愿准则层，使用非农收入与收入比、支出收入比两个指标反映还款能力准则层，使用自有房屋价值、贷款用途两个指标反映家庭基本情况，指标数目总计为9。农户贷款的信用评价指标体系见表6-1第（1）~（2）列。

表 6－1　　　　信用评价指标体系

序号	(1) 准则层	(2) 指标层	(3) Y_{1j}	(4) Y_{2j}	(5) Y_{3j}	…	(121) Y_{119j}	(122) W^*
1	宏观经济环境	X_1 恩格尔系数	0.628	0.842	0.628	…	0.842	0.398
2		X_2 地区 GDP 增长率	0.460	0.379	0.460	…	0.379	0.339
3	联保与保证	X_3 联保组成员关系	1.000	1.000	1.000	…	0.000	0.700
4		X_4 保证人的实力情况	0.000	0.000	0.000	…	0.000	0.337
5	还款的意愿	X_5 居住的稳定性	1.000	1.000	0.750	…	0.250	0.311
6	还款能力	X_6 非农收入与收入比	0.000	0.000	0.000	…	0.000	0.080
7		X_7 支出收入比	0.544	0.386	0.546	…	1.000	0.041
8	家庭基本情况	X_8 自有房屋价值	0.130	0.207	0.078	…	0.000	0.132
9		X_9 贷款用途	1.000	1.000	1.000	…	1.000	0.030

表 6－1 中的指标数据来源于某银行的农户贷款数据系统。选取的原始数据在删除异常值后，共有 119 个样本，违约样本 55 个，不违约样本 64 个。

使用式（6－13）、式（6－14）对原始数据进行标准化打分，打分后的数据 Y_{ij} 列入表 6－1 第（3）~（121）列。

二、投影权重的计算

将标准化后的指标数据导入 Matlab 中，调用 Matlab 的遗传算法工具箱计算式（6－9）的投影向量 W^*。遗传算法的主要参数设置为：种群尺度（population size）设置为 30，初始范围（initial range）设置为［1；2］，停止准则中的代数（generations）设置为 300，其他的参数选择软件默认参数。在遗传算法工具箱中，导入式（6－9）的 M 函数，分别以@形式填入目标函数位置和约束条件位置，变量数目填入 9。计算的投影向量 W^* 结果见表 6－1 第（122）列。

将表 6－1 第（122）列的 9 个投影权重按顺序制作成直方图，如图 6－1 所示。图 6－1 显示，投影权重最大的是 W_3，即 X_3 联保组成员关系对农户贷款的信用评价影响最大；投影权重最小的是 W_9，即 X_9 贷款用途对农户贷款的信用评价影响最小；按照对农户贷款的信用评价影响从大到小的顺序，指标顺序依次为：

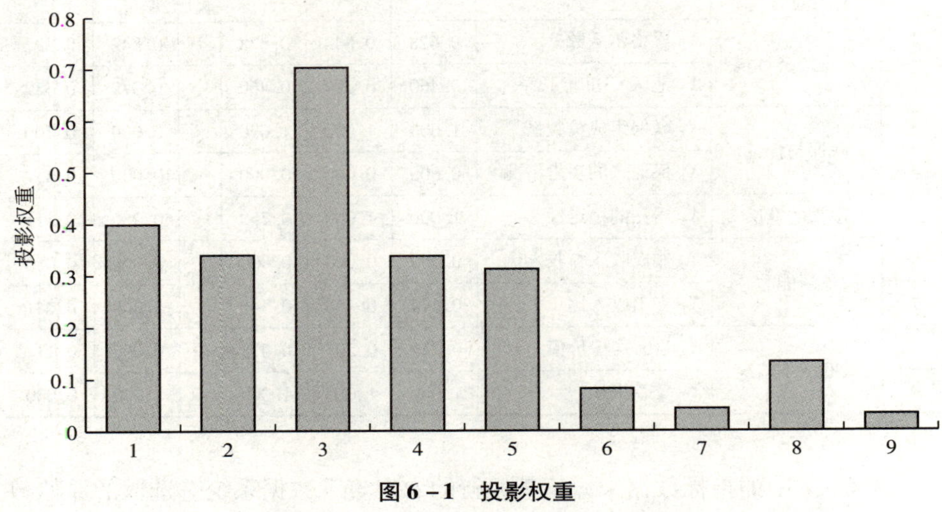

图6－1　投影权重

联保组成员关系（$W_3 = 0.700$）> 恩格尔系数（$W_1 = 0.398$）> 地区 GDP 增长率（$W_2 = 0.339$）> 保证人的实力情况（$W_4 = 0.337$）> 居住的稳定性（$W_5 = 0.311$）> 自有房屋价值（$W_8 = 0.132$）> 非农收入与全部收入的比率（$W_6 = 0.080$）> 支出收入比（$W_7 = 0.041$）> 贷款用途（$W_9 = 0.030$）。

将同一准则层内的指标权重平方相加，可以得到准则层对农户贷款的信用评价影响大小。计算如下：

宏观经济环境：$W_1^2 + W_2^2 = 0.398^2 + 0.339^2 = 0.274$

联保与保证：$W_3^2 + W_4^2 = 0.7^2 + 0.337^2 = 0.604$

还款的意愿：$W_5^2 = 0.096$

还款能力：$W_6^2 + W_7^2 = 0.08^2 + 0.041^2 = 0.008$

家庭基本情况：$W_8^2 + W_9^2 = 0.132^2 + 0.030^2 = 0.018$

按从大到小的顺序，准则层的重要性排序为：联保与保证（0.604）> 宏观经济环境（0.274）> 还款的意愿（0.096）> 家庭基本情况（0.018）> 还款能力（0.008）。准测层排序显示：在农户贷款的信用评价中，联保与保证因素是最重要的影响因子，其次为宏观经济环境，而还款能力是影响最弱的因子。

三、投影值的计算

将表6－1第（122）列的投影权重代入式（6－1），得到投影点的测算函数 D_i 为：

$$D_i = 0.398Y_{i1} + 0.339Y_{i2} + 0.700Y_{i3} + 0.337Y_{i4} + 0.311Y_{i5} + 0.080Y_{i6} + 0.041Y_{i7} + 0.132Y_{i8} + 0.030Y_{i9} \quad (6-15)$$

将表6－1第（3）~（121）列的标准化数据 Y_{ij} 按列依次代入式（6－15），得到投影值 D_i（即信用评价综合得分），结果填入表6－2第（1）列。

将投影值 D_i 按升序排序，得到序列 D_{pi}，结果填入表6－2第（2）列。

表6－2　　投影值与最小损失函数值

序号	（1）D_i	（2）D_{pi}	（3）$S[C^*(n, k)]$
1	1.486	0.367	—
2	1.548	0.391	2.874
3	1.402	0.536	1.400
…	…	…	…
119	0.612	1.731	0.000

以表6－2第（2）列 D_{pi} 值为纵坐标，以表6－2序号列为横坐标，画序列 D_{pi} 随序列个数波动的二维散点图，结果见图6－2。

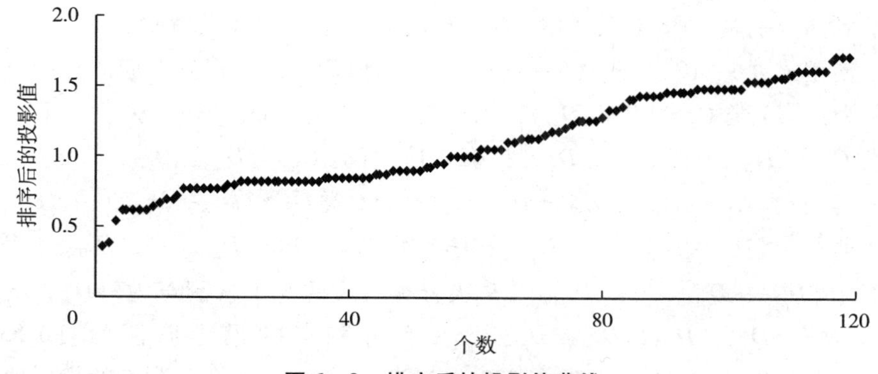

图6－2　排序后的投影值曲线

四、分割点的测算与评级

使用式（6－10）~式（6－12），编程计算得到最小损失函数 $S[C^*(n, k)]$ 取值，结果填入表 6－2 第（3）列，其中 $k=2, 3, \cdots, 119$。

以表 6－2 第（3）列最小损失函数 $S[C^*(n, k)]$ 值为纵坐标，以分类数目 k 为横坐标，画 $S[C^*(n, k)]$ 随分类数目 k 变化的二维散点图（散点用空心圆圈表示），结果见图 6－3。

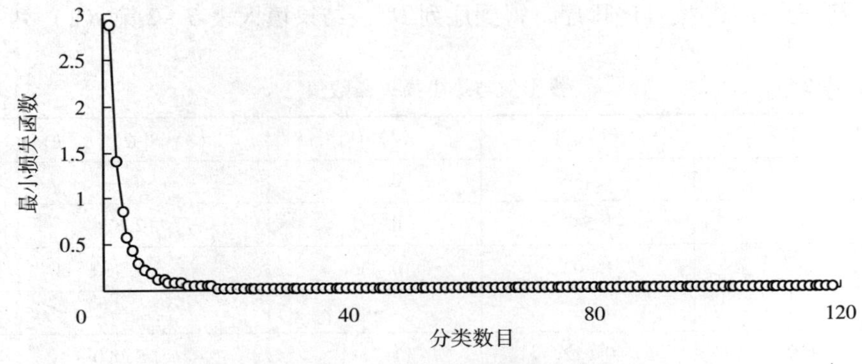

图 6－3　最小损失函数随分类数的变化曲线

图 6－3 显示，最小损失函数 $S[C^*(n, k)]$ 的拐点为 8 或 9。按照银行信用评级的 9 级分类法，本章实证评级将把农户贷款的信用等级分为 9 级，由低到高分别是：C、CC、CCC，B、BB、BBB，A、AA 及 AAA。

使用式（6－10）~式（6－12），当 k 取值为 9 时，得到对应的样品分类结果为：第 1 类 $C_1=\{D_{p1}, D_{p2}\}$；第 2 类 $C_2=\{D_{p3}, D_{p4}, \cdots, D_{p13}\}$；第（3）行类 $C_2=\{D_{p14}, D_{p15}, \cdots, D_{p42}\}$；第（4）行类 $C_2=\{D_{p43}, D_{p44}, \cdots, D_{p55}\}$；第（5）行类 $C_2=\{D_{p56}, D_{p57}, \cdots, D_{p64}\}$；第 6 类 $C_2=\{D_{p65}, D_{p66}, \cdots, D_{p74}\}$；第 7 类 $C_2=\{D_{p75}, D_{p76}, \cdots, D_{p83}\}$；第 8 类 $C_2=\{D_{p84}, D_{p85}, \cdots, D_{p109}\}$；第 9 类 $C_2=\{D_{p110}, D_{p111}, \cdots, D_{p119}\}$。9 级分类对应的 8 个分割点为 $\{D_{p3}, D_{p14}, D_{p43}, D_{p56}, D_{p65}, D_{p75}, D_{p84}, D_{p110}\}$。8 个分割点的投影取值为 {0.536, 0.758, 0.859, 0.996, 1.093, 1.230, 1.402, 1.589}。8 个分割点的投影值把

投影区间（$-\infty$，$+\infty$）分为9个区间，得到9个评级区间。评级区间以及对应信用等级见表6-3。

表6-3　评级区间及对应信用等级

（1）等级	（2）信用评级区间	（3）样品分类
C	（$-\infty$，0.536）	$\{D_{p1}, D_{p2}\}$
CC	[0.536，0.758）	$\{D_{p3}, \cdots, D_{p13}\}$
CCC	[0.758，0.859）	$\{D_{p14}, \cdots, D_{p42}\}$
B	[0.859，0.996）	$\{D_{p43}, \cdots, D_{p55}\}$
BB	[0.996，1.093）	$\{D_{p56}, \cdots, D_{p64}\}$
BBB	[1.093，1.230）	$\{D_{p65}, \cdots, D_{p74}\}$
A	[1.230，1.402）	$\{D_{p75}, \cdots, D_{p83}\}$
AA	[1.402，1.589）	$\{D_{p84}, \cdots, D_{p109}\}$
AAA	[1.589，$+\infty$）	$\{D_{p110}, \cdots, D_{p119}\}$

第五节　本章小结

一、主要结论

按照对农户贷款的信用评价影响从大到小的顺序，评级指标顺序为：联保组成员关系（$W_3=0.700$）>恩格尔系数（$W_1=0.398$）>地区GDP增长率（$W_2=0.339$）>保证人的实力情况（$W_4=0.337$）>居住的稳定性（$W_5=0.311$）>自有房屋价值（$W_8=0.132$）>非农收入与全部收入的比率（$W_6=0.080$）>支出收入比（$W_7=0.041$）>贷款用途（$W_9=0.030$）。按从大到小的顺序，准则层的重要性排序为：联保与保证（0.604）>宏观经济环境（0.274）>还款的意愿（0.096）>家庭基本情况（0.018）>还款能力（0.008）。

二、主要特色

本章的创新与特色：一是通过在投影结构中加入违约农户与非违约农户的最大分离度，克服了现有的投影结构对违约农户与非违约农户不加区分的弊端，保证了投影方向在聚类思路基础上同时区分违约农户与非违约农户，增强了模型在信用风险评价中的适用能力。二是通过有序样品的最优分割法对农户得分进行聚类，得到了信用风险评级的临界值，解决了信用等级划分的问题。

第七章

基于逼近理想值—投影寻踪的农户贷款信用风险评级模型

第一节 问题的提出

随着国家对农业的大力扶持，农户贷款越来越成为商业银行风险管理的重要风险管理项目。由于农户没有健全的财务信息、农户的流动性强且风险分散、贷款的额度小等特点，直接导致信用风险评估模型难以有效区分违约农户与非违约农户，因此建立一个能显著区分违约农户与非违约农户的信用风险评价模型对于银行的农户贷款风险管理具有重要的意义。

目前学术界对信用风险评价模型的研究主要分为以下五类：

（1）基于传统多元统计方法的信用风险模型。托马斯（Lyn C. Thomas，2000）运用判别分析计算信用得分并预测经济风险[125]。唐和迟（Tseng－Chung Tang & Li－Chiu Chi，2005）对多边贸易风险分别建立了 Logit 模型、模糊 Logit 模型并使用 ROC 曲线进行了比较[126]。波菲姆（Diana Bonfim，2009）从宏观角度建立了信用风险影响因素的 Probit 模型[127]。李关政（2012）使用 Logistic 模型对银行信用风险进行了压力测试[128]。

（2）基于计量经济学方法的信用风险模型。马库斯和马里奥（Juri Marcucci & Mario Quagliariello，2009）使用门限自回归技术分析了银行信用风险与商业周期之间的关系，结果表明：商业周期对银行信用风险有显著的非对称效应[129]。林（Shu Ling Lin，2009）建立了银行信用风险的两阶段混合模型，结果表明：在经济动荡期，两阶段混合模型具有更强的预测能力[130]。

（3）基于模式识别和人工智能的信用风险模型。奥里斯基等（Stjepan Oreski et al.，2012）将遗传算法与神经网络结合评估了零售业的信用风险[131]。达尼纳斯和加斯瓦（Paulius Danenas & Gintautas Garsva，2012）使用线性支持向量机和滑动窗口方法建立了信用风险评估模型[132]。张和哈顿（Junni L. Zhang & Wolfgang K. Härdle，2010）将贝叶斯方法与分类树相结合建立了贝叶斯分类树的信用风险评估模型[133]。

（4）基于非参数方法的信用风险模型。加希亚等（V. Garcia et al.，2012）将非参数的最近邻规则运用于信用风险数据库，并对信用风险数据库进行了噪声处理[134]。诺等（Hyun Ju Noh et al.，2005）分析了个人信用的删失信息并运用生存分析方法建立了个人信用风险的评估模型[135]。

（5）基于数学优化的信用风险模型。乔布斯特等（Norbert J. Jobst et al.，2006）提出了一个多阶段随机规划的信贷风险决策模型[136]。张目和周宗放（2011）将投影寻踪与最优分割法相结合建立了高技术企业的信用评级模型[137]。赵海燕和乔莹莹（2012）以黑龙江农户贷款为研究对象建立了投影寻踪聚类信用风险评估模型[138]。

尽管以分类为主要特征的现有信用风险评价模型都可以分析违约样本，但农户贷款的小额及风险分散的特征使得现有的信用风险模型难以将违约农户与非违约农户有效地加以区别，因此需要建立一种能显著区分违约样本与非违约样本的信用风险评价模型。

本章借鉴TOPSIS理想解的思想，通过TOPSIS改进的投影寻踪模型建立信用风险得分模型，通过有序样品聚类的差异序列法建立信用风险得分的评级模型，解决了建立显著区分违约样本与非违约样本的信用风险评价模型的问题。

第二节 模 型

一、传统的投影寻踪模型原理

投影寻踪模型的主要思想是根据投影规则将高维评价指标投影为低维评价指标，根据最优投影方向向量得到目标函数的投影得分。投影寻踪模型对样本数据分布无任何要求且把高维空间中难以处理的问题转化为低维空间中容易处理的问题，因此在各个学科中有着广泛的应用。如果将投影寻踪与某种分类方法相结合，可实现投影值的分类，得到评级模型。

传统的投影寻踪模型的建立步骤如下：

（一）指标的标准化打分

为消除指标间的量纲差别，需要对指标进行标准化打分，打分后指标的取值区间为［0，1］。设：X_{ij}为第j个信用风险评价指标的第i个样本原始值；Y_{ij}为第j个信用风险评价指标的第i个样本的标准化值，其中$i=1, 2, \cdots, n$；$j=1, 2, \cdots, m$；m－指标数目；n－样本数目。

对越大越好的正向评级指标，使用公式（7－1）计算其标准化得分值；对越大越差的负向评级指标，使用公式（7－2）计算其标准化得分值[137]。

$$Y_{ij} = \frac{X_{ij} - \min(X_{ij})}{\max(X_{ij}) - \min(X_{ij})} \tag{7-1}$$

$$Y_{ij} = \frac{\max(X_{ij}) - X_{ij}}{\max(X_{ij}) - \min(X_{ij})} \tag{7-2}$$

（二）投影目标函数的建立

设：Z_i为投影得分值；$P=(P_1, P_2, \cdots, P_m)$为投影向量；$S$为投影得分值的标准差；$D$为投影得分值的局部密度。则投影寻踪的投影值$Z_i$、标准差$S$、局部密度$D$的计算如下[137]：

$$Z_i = \sum_{j=1}^{m} P_j Y_{ij}, \ i = 1, 2, \cdots, n \tag{7-3}$$

$$S = \left(\sum_{i=1}^{m} (z_i - \overline{z})^2 / (n-1) \right)^{1/2} \tag{7-4}$$

$$D = \sum_{i=1}^{n} \sum_{j=1}^{n} (0.1S - |z_i - z_j|) \times u(0.1S - |z_i - z_j|) \tag{7-5}$$

其中，若$0.1S \geqslant |z_i - z_j|$，则 u 取值为 1；若$0.1S < |z_i - z_j|$，则 u 取值为 0。

投影寻踪的目标函数 Q 的计算如下[137]：

$$Q = S \times D \tag{7-6}$$

（三）投影目标函数优化模型的建立

最佳的投影方向向量 P 应最大限度地暴露高维样本数据的结构特征。为反映投影值整体分散、局部密集的数据结构特征，传统投影寻踪模型的优化模型如下[137]：

$$Q_{\max} = S \times D \tag{7-7}$$

$$\text{s.t.} \ \sum_{j=1}^{m} p_j^2 = 1 \tag{7-8}$$

式（7-7）与式（7-8）就是传统投影寻踪的非线性优化模型，其中式（7-8）为约束条件。

二、改进的投影寻踪模型

（一）目标函数的建立

为将违约样本与非违约样本显著地加以区别，新改进的投影寻踪模型将暴露违约样本与非违约样本最大分离的数据结构特征，此时的投影向量就是改进投影寻踪模型的最佳投影向量。

借鉴 TOPSIS 法中逼近理想解的决策思想，通过违约样本逼近理想解、非违约样本逼近负理想解，构造改进投影寻踪的目标函数如下：

$$Q^* = \sum_{i=1}^{k} |z_1(i) - \max(z)| \times \sum_{j=1}^{n-k} |z_2(j) - \min(z)| \tag{7-9}$$

其中，$z_1(i)$ 表示不违约样本的第 i 个投影值；$\max(z)$ 表示投影向量 z 的最大值，反映投影向量的理想解；$z_2(j)$ 表示违约样本的第 j 个投影值；$\min(z)$ 表示投影向量 z 的最小值，反映投影向量负理想解；k 表示不违约样本数目。

式（7－9）中，等号右端第一项 $\sum_{i=1}^{k}|z_1(i)-\max(z)|$ 表示所有不违约样本与理想解的绝对距离之和，反映不违约样本与投影值理想解的逼近程度；等号右端第二项 $\sum_{j=1}^{n-k}|z_2(j)-\min(z)|$ 表示所有违约样本与负理想解的绝对距离之和，反映违约样本与投影值负理想解的逼近程度。

（二）优化函数的建立

当 $\sum_{i=1}^{k}|z_1(i)-\max(z)|$ 与 $\sum_{j=1}^{n-k}|z_2(j)-\min(z)|$ 同时取最小值时，即非违约样本逼近理想解、违约样本逼近负理想解，此时保证了非违约样本与违约样本的最大显著区别，此时的投影向量就是满足违约样本与非违约样本最大分离的最佳投影向量。

改进投影寻踪的非线性优化模型如下：

$$Q_{\min}^{*}=\sum_{i=1}^{k}|z_1(i)-\max(z)|\times\sum_{j=1}^{n-k}|z_2(j)-\min(z)| \tag{7－10}$$

$$\text{s. t.}\ \sum_{j=1}^{m}p_j^2=1 \tag{7－11}$$

式（7－10）与式（7－11）就是改进投影寻踪的非线性优化模型，其中式（7－11）为约束条件。

需要说明，与现有的改进投影寻踪模型不同，本章的改进投影寻踪是对目标函数的改进，而不是现有研究中仅对优化模型的计算方法的改进。

式（7－10）与式（7－11）的创新与特色是：通过使用 TOPSIS 逼近理想解思想改进投影寻踪模型，克服了现有信用风险模型无法有效区别违约样本与非违约样本的弊端，保证了违约样本与非违约样本最大分离的最佳投影方向，解决了建立显著区别违约样本与非违约样本的信用风险模型的问题。

（三）优化函数的求解

现有研究大都使用遗传算法求解式（7－7）与式（7－8）的投影寻踪非线性优化模型，但本章的实例计算中显示：使用遗传算法求解式（7－10）与式（7－11）的改进投影寻踪模型的投影向量稳定性差，因此本章使用另一种直接搜索工具——模式搜索算法求解式（7－10）与式（7－11）的改进投影寻踪模型。下面的实例计算表明，模式搜索算法（pattern search）的计算结果稳定，很好地解决了式（7－10）与式（7－11）的非线性优化模型求解问题。

三、基于差异序列法的投影值分类

将式（7－10）与式（7－11）的最优投影向量代入式（7－3），得到每个样本的信用风险投影值。信用风险评级模型需要对信用风险投影值分类并测算阈值。

现有研究使用系统聚类法[138]进行信用评级的弊端是无法得到评级阈值，因而不能用于未来决策；现有研究使用有序样品聚类的最优分割法[137]进行信用评级的弊端是仅仅考虑了整体的一种最优划分，没有反映样品的差异特征且计算较复杂。

本章使用有序样品聚类的差异序列方法[139]对投影值评级的好处：一是可以得到评级阈值并且计算简便。二是通过不同级别差异大、同一级别差异小的聚类思路，体现了信用风险评级差异化的本质要求。

差异序列法的计算步骤如下[139]：

（1）对信用风险投影值 Z_1，Z_2，…，Z_n 从小到大排序，排序后的投影值为 Z_{s1}，Z_{s2}，…，Z_{sn}。

（2）G_i 表示投影值 $Z_{s,i+1}$ 与 Z_{si} 的一次差异度，其中 $i=1$，2，…，$n-1$。则序列 G_1，G_2，…，G_{n-1} 为投影值序列的一次差异序列。一次差异度 G_i 的计算公式为[139]：

$$G_i = Z_{s,i+1} - Z_{si} \tag{7-12}$$

（3）H_i 表示差异度 G_{i+1} 与 G_i 的二次差异度，其中 $i=1$，2，…，$n-2$。

则序列 H_1，H_2，…，H_{n-2}为投影值序列的二次差异序列。二次差异度 H_i 的计算公式为[139]：

$$H_i = |G_{i+1} - G_i| \tag{7-13}$$

（4）设 H_l 表示二次差异序列的最大值，i_1 为投影值的 2 类分割点。若 $G_{l+1} > G_l$，则 $i_1 = l+1$；若 $G_{l+1} < G_l$，则 $i_1 = l$。此时，投影值 Z_{s1}，Z_{s2}，…，Z_{sn}分为两类：Z_{s1}，Z_{s2}，…，$Z_{s,i1}$和 $Z_{s,i1+1}$，$Z_{s,i1+2}$，…，Z_{sn}。

（5）在两类基础上，求每一类的最大二次差异度并比较两个值的大小，将最大值对应的类继续使用步骤（4）分为两类，设 i_2 为分割点。此时，i_1 与 i_2 两个分割点将把投影值共分为三类。依次计算下去，可把投影值分为 k 类，k 为研究需要的类别数。

第三节　模型的计算步骤

改进投影寻踪的信用风险评级模型的计算步骤如下：

步骤 1：将信用风险指标数据按指标类型不同代入标准化公式（7-1）与公式（7-2），得到标准化打分。

步骤 2：以式（7-10）为目标函数，以式（7-11）为约束条件，使用模式搜索算法求解式（7-10）的最优解，得到最佳投影方向向量 P^*。

步骤 3：将最佳投影方向向量 P^* 代入式（7-3），得到样本的投影值 Z_1^*，Z_2^*，…，Z_n^*。

步骤 4：按照以上的差异序列聚类方法步骤对投影值 Z_1^*，Z_2^*，…，Z_n^* 聚类，得到所有分割点并建立评级模型。

第四节　应用实例

一、信用风险指标体系与样本数据

在国内外风险管理机构和学术文献发布的信用风险评级指标的基础上，

结合农户贷款的典型特征，建立农户信用风险评价的海选指标。通过去除不可观测指标、去除信息重复指标、去除不显著指标，最终从农户的个人情况、还款的能力状况、还款的意愿状况、保证与联保的状况、宏观经济环境状况五个层面构建总计 17 个指标的指标体系。该指标体系包括的 17 个指标分别为：年龄情况、学历情况、贷款的用途、拥有房屋的价值、家庭劳动力状况、技能状况、年净收入与人均 GDP 的比率、支出状况、非农收入与收入的比率、教育费用支出、居住的稳定性、民间借贷状况、银行借款状况、保证人的实力情况、联保组成员关系、农村家庭的人均纯收入、恩格尔系数。农户信用风险评级指标体系列于表 7－1 第（1）~（2）列。

表 7－1　农户信用风险评级指标体系及权重

序号	(1) 准则层	(2) 指标层	(3) Y_{1j}	…	(2046) $Y_{2044,j}$	(2047) P^*
1	农户的个人情况 Q_1	Y_1 年龄情况	0.368	…	1.000	0.207
2		Y_2 学历情况	0.200	…	0.400	－0.251
3		Y_3 贷款的用途	1.000	…	0.750	－0.124
4		Y_4 拥有房屋的价值	0.130	…	0.026	－0.176
5		Y_5 家庭劳动力状况	1.000	…	0.500	－0.011
6		Y_6 技能状况	0.500	…	0.250	－0.390
7	还款的能力状况 Q_2	Y_7 年净收入与人均 GDP 的比率	0.409	…	0.107	－0.056
8		Y_8 支出状况	0.737	…	0.868	0.237
9		Y_9 非农收入与收入的比率	0.000	…	0.517	－0.253
10		Y_{10} 教育费用支出	1.000	…	0.897	－0.407
11	还款的意愿状况 Q_3	Y_{11} 居住的稳定性	1.000	…	1.000	0.057
12		Y_{12} 民间借贷状况	1.000	…	1.000	－0.007
13		Y_{13} 银行借款状况	1.000	…	1.000	0.357

续表

序号	(1) 准则层	(2) 指标层	(3) Y_{1j}	…	(2046) $Y_{2044,j}$	(2047) P^*
14	保证与联保的状况 Q_4	Y_{14} 保证人的实力情况	0.000	…	0.128	-0.257
15		Y_{15} 联保组成员关系	1.000	…	0.000	-0.312
16	宏观经济环境状况 Q_5	Y_{16} 农村家庭的人均纯收入	0.089	…	0.160	0.335
17		Y_{17} 恩格尔系数	0.628	…	0.079	0.028

以某银行的农户贷款数据为实验样本，剔除异常值样本后，获得 2 044 个数据样本，其中 1 816 个样本为非违约样本、228 个样本为违约样本。使用 Matlab R2009a 软件进行数据分析。

二、信用得分的计算

按照第三节的步骤 1，将农户信用风险评级指标原始数据代入公式（7－1）与（7－2），得到农户信用风险评级指标的标准化得分，得分结果列入表 7－1 第（3）~（2046）列。按照第三节的步骤 2，将表 7－1 第（3）~（2046）列的农户信用风险评级指标的标准化得分代入式（7－10）的目标函数以及式（7－11）的约束条件，使用模式搜索算法求解式（7－10）的最优解，得到最佳投影方向向量 P^*。使用 Matlab 编写式（7－10）和式（7－11）的 M 函数，调用模式搜索工具箱，设置初始搜索点为向量 1，其他使用默认设置，得到最佳投影方向向量 P^* 为：

P^* =(0.207, -0.251, -0.124, -0.176, -0.011, -0.390, -0.056, 0.237, -0.253, -0.407, 0.057, -0.007, 0.357, -0.257, -0.312, 0.335, 0.028)

将最佳投影方向向量 P^* 结果列入表 7－1 第（2047）列。将表 7－1 第（2047）列的 P^* 代入式（7－3），得到投影值（即信用得分值）Z_1^*，Z_2^*，…，Z_{2044}^*，对投影值从小到大排序，排序后的投影值散点图如图 7－1 所示。

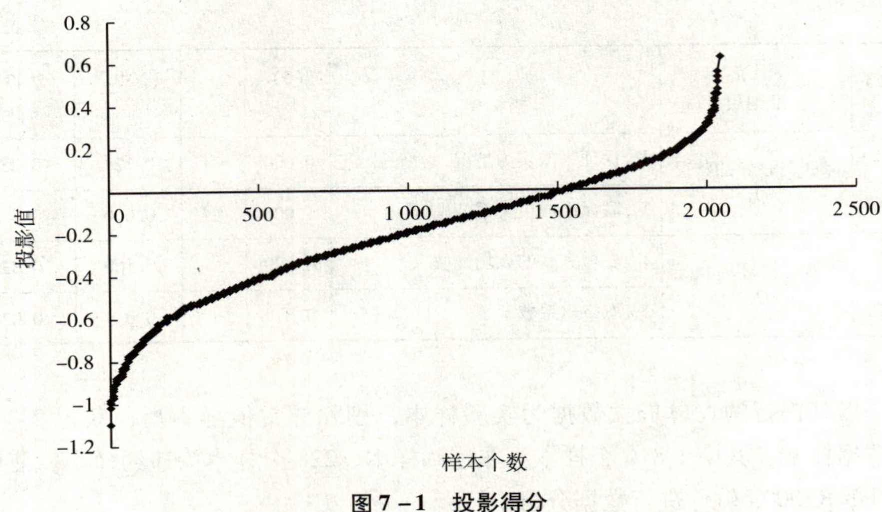

图 7－1 投影得分

三、信用得分的评级

本章按照贷款的5级分类将投影值分为5类。按照差异序列的聚类方法，先将样品分为2类，然后在2类基础上继续划分，直至5类结束。聚类结果如表7－2所示。

表 7－2　　　　聚类过程

（1）次序	（2）二次差异度最大值	（3）对应分割点	（4）对应投影值
1	0.0064	163	－0.6333
2	0.0063	2 014	0.3203
3	0.0039	1 918	0.1989
4	0.0028	494	－0.4166

按照表7－2第（3）列的分割点位置，可以对从小到大排序后的投影值进行区间划分，得到的评级区间列于表7－3。

表 7 – 3　　　　评级结果

（1）等级	（2）信用评级区间	（3）样品数目	（4）违约样品数目	（5）违约样品比例
Ⅰ	(0.3203，+∞)	30	0	0
Ⅱ	(0.1989，0.3203]	96	3	0.0313
Ⅲ	(−0.4166，0.1989]	1 424	61	0.0428
Ⅳ	(−0.6333，−0.4166]	331	85	0.2568
Ⅴ	(−∞，−0.4166)	163	79	0.4847

表 7 – 3 显示，随着农户信用等级的降低，农户的违约情况也越来越严重，即农户信用等级与农户违约频率负相关，这与信用风险评级的目的是相符合的。

第五节　本章小结

农户贷款的小额特性需要一种有效地区分违约农户与非违约农户的信用评级方法。针对农户贷款的特点，本章建立了将违约农户与非违约农户显著区别的信用风险得分模型，通过有序样品聚类法对信用得分聚类并求得临界值，本章建立了农户贷款的信用风险评级模型。实证分析表明，本章建立的贷款评级模型可以显著区别违约农户与非违约农户。此外，实证结果还反映了农户信用等级与农户违约的负相关关系，即农户的信用等级越高相应的农户违约情况越少。

第八章
结论与展望

第一节 主要工作

一、分析了农户小额贷款的供需现状

一是通过调查问卷的农户基本情况、财务状况和经营成果、生产经营情况等七大方面对农户小额贷款的需求情况进行了描述及分析。二是通过调查问卷的普惠金融情况对农户小额贷款的供给情况进行阐述及分析。三是结合调查问卷的农户小额供需分析的结果，对农户小额贷款的供需矛盾特点及原因进行了分析。

二、建立了农户小额贷款信用等级评价指标体系

一是构建了农户小额贷款信用等级评价指标体系。以某商业银行可获取的内蒙古农户小额贷款数据为研究对象，结合国内外权威机构及流行文献的高频指标，通过 Brown - Mood 中位数检验和 Moses 方差检验的结合、Kendall 秩相关分析与 Brown - Mood 中位数检验的结合，筛选出显著区分违约农户与非违约农户且信息不重复的农户小额贷款信用等级评价指标，最

终构建了包含学历、劳动力人数、自有房屋价值、贷款人及其家庭的技能情况、农业生产性收入、总资产、银行存款、社会信誉状况、联保关系以及地区 GDP 增长率在内的 10 个信用等级评价指标的农户小额贷款信用等级评价指标体系。

二是构建的农户小额贷款信用等级评价指标体系体现了内蒙古农户小额贷款的信用特点。通过劳动力人数、银行存款、农民生产性收入等农户小额贷款信用等级评价指标反映小额贷款农户的偿还能力。通过联保关系等农户小额贷款信用等级评价指标反映小额贷款农户的抵质押担保状况。通过地区 GDP 增长率等农户小额贷款信用等级评价指标反映地区宏观经济发展对小额贷款农户的清偿能力的影响。

三、建立了农户小额贷款信用评价模型

一是建立了农户小额贷款违约判别模型。通过代价敏感支持向量机分类模型将农户小额贷款客户分为两类：违约客户和非违约客户，为银行初步筛选客户提供理论依据。

二是建立了农户小额贷款信用得分评价模型。通过支持向量机回归模型，结合信用评分方程，得到每个小额贷款农户的信用评分。通过对信用评分的排序，保证了非违约农户间信用状况的顺利比较。

四、建立了农户小额贷款信用评级模型

一是通过比较 Gumbel、Clayton、Frank 三类 Copula 函数与标准均匀分布数列的欧式距离，得到违约样本的最优 Copula 函数是 Clayton Copula 函数，不违约样本的最优 Copula 函数是 Gumbel Copula 函数。

二是通过蒙特卡洛模拟出信用评级模型所需要的农户小额贷款客户的大样本随机数。

三是通过等分法及动态调整法结合，构建了满足“信用等级越高，违约损失率越低”的农户小额贷款信用评级模型。

五、建立了基于最大分离度改进投影寻踪的农户贷款信用评级模型

一是将传统的投影寻踪模型与聚类分析的不同类间应最大分离的思想相结合，构建了一个改进的投影寻踪模型并将新模型应用于农户贷款的信用评级。

二是改进的投影寻踪模型既按照局部密集、整体分散的投影思路最大限度地暴露数据结构，又显著地将违约样本与不违约样本进行分离。

三是新模型使用遗传算法来求解其非线性约束的最优解，使用有序样品的最优分割聚类法来计算评级阈值并最终建立评级模型。实例计算表明，联保组成员关系是影响最大的农户贷款信用评价指标，联保与保证因素是影响最大的农户贷款信用评价准则层。

六、建立了基于逼近理想值—投影寻踪的农户贷款信用风险评级模型

一是基于违约农户与非违约农户应具有显著区别原则，将非违约样本逼近理想值、违约样本逼近负理想值，建立投影寻踪的非线性优化模型。

二是通过对投影值进行有序样品的差异序列聚类，建立了农户贷款信用风险的评级模型。农户贷款的实证研究表明，农户信用等级与违约频率呈负相关关系，即农户的信用等级越高则违约的可能性越小。

第二节　主要结论

一、农户小额贷款供需分析的主要结论

内蒙古兴安盟扎赉特旗的三个乡镇的农户小额贷款需求的主要结论有：农户对保险知识了解得过少，购买过农业及商业保险的并没有享受到该有

的保险功能；被访农户的最高学历50%在初中水平，被访农户总体的家庭情况都很稳定，且80%的农户都享受到政府的粮食补贴；农户的主要收入源于种植所得，其比例达到总收入的84.39%，农户的主要支出即为生产性支出，占总支出的76.03%；农户所经营的土地规模并不大，且90%的农户不了解土地流转经营的新政策，流转中也不签订土地流转合同；对于农户资金拥有情况，主要集中于房屋价值，而房屋价值并不能用于农户需要贷款时的资金周转；有74.29%的农户需要借款，69.08%的农户如果贷款，首选的融资渠道是银行，有28.11%的农户会选择向亲戚朋友的零息借款；申请过小额贷款的农户中，有49.80%的农户未获得银行批准，没有借贷成功，有23.32%的农户获得了银行的贷款，但贷款金额规模达不到农户的实际需求；大部分农户意识到抵押担保在贷款过程中的重要作用，农户不愿意参与土地抵押融资的主要原因是“担心失去土地，生活没有保障”；多数农户愿意并且已经参加了联保小组，表明农户的借贷需求强烈，因此多数农户选择加入联保小组以求提高借贷的成功率；参加联保小组成员的家庭资产规模情况差不多，这也表明一旦发生某农户不能偿还贷款时，小组成员的损失会很重；大多数农户的信用水平较好，且违约或者延期还款的农户比例也较小；从金融机构网点及业务的安排来看，并没有从便利程度上满足农户的资金需求。

内蒙古兴安盟扎赉特旗三个乡镇的信贷机构对农户小额贷款供给的主要结论：一是有现实贷款需求的扎赉特旗三个乡镇的农户不能获得正规贷款；二是获得的正规贷款规模要小于扎赉特旗三个乡镇的农户贷款实际的规模。根据调查问卷的结果显示，有贷款需求的农户中，未能获得正规金融机构贷款的农户约占49.8%，而在获得正规金融机构贷款的农户中，23.32%的农户所获的贷款金额并不能满足实际需求。

二、农户小额贷款信用等级评价指标体系的主要结论

（1）筛选出显著区分违约农户与非违约农户其信息不重复的评价指标，以某商业银行的内蒙古农户小额贷款数据为基础的实证结果表明：学历、劳动力人数、自有房屋价值、贷款人及其家庭的技能情况、农业生产性收入、

总资产、银行存款、社会信誉状况、联保关系以及地区 GDP 增长率等农户小额贷款信用等级评价指标可以显著区分违约农户和非违约农户。

（2）最终构建的农户小额贷款信用等级评价指标体系用 23% 的信用等级评价指标反映了 85% 的原始信息。

三、农户小额贷款信用评价模型的主要结论

（1）通过代价敏感支持向量机分类模型建立的农户小额贷款违约判别模型与通过支持向量机回归模型构建的农户小额贷款信用评分模型结果的一致性及合理性。

（2）建立了农户小额贷款信用得分评价模型。通过支持向量机回归模型，结合信用评分方程，得到每个小额贷款农户的信用评分。通过对信用评分的排序，保证了非违约农户间信用状况的顺利比较。

四、农户小额贷款信用评级模型的主要结论

（1）通过最优多元阿基米德 Copula 函数和蒙特卡洛方法将农户小额贷款信用等级评价指标的小样本数据扩充为评级大样本数据。

（2）通过对等分法初步建立的农户小额贷款信用评级模型作动态调整，构建了随信用等级降低违约损失率增大的合理的农户小额贷款信用评级模型。

五、基于最大分离度改进投影寻踪的农户贷款信用评级模型的主要结论

按照对农户贷款的信用评价影响从大到小的顺序，评级指标顺序为：联保组成员关系（$W_3=0.700$）> 恩格尔系数（$W_1=0.398$）> 地区 GDP 增长率（$W_2=0.339$）> 保证人的实力情况（$W_4=0.337$）> 居住的稳定性（$W_5=0.311$）> 自有房屋价值（$W_8=0.132$）> 非农收入与全部收入的比率（$W_6=0.080$）> 支出收入比（$W_7=0.041$）> 贷款用途（$W_9=0.030$）。按从大到小的顺序，准则层的重要性排序为：联保与保证（0.604）> 宏观经

济环境（0.274）>还款的意愿（0.096）>家庭基本情况（0.018）>还款能力（0.008）。

六、基于逼近理想值—投影寻踪的农户贷款信用风险评级模型的主要结论

农户贷款的小额特性需要一种有效地区分违约农户与非违约农户的信用评级方法。针对农户贷款的特点，本书建立了将违约农户与非违约农户显著区别的信用风险得分模型，通过有序样品聚类法对信用得分聚类并求得临界值，本书建立了农户贷款的信用风险评级模型。实证分析表明，本书建立的贷款评级模型可以显著区别违约农户与非违约农户。此外，实证结果还反映了农户信用等级与农户违约的负相关关系，即农户的信用等级越高相应的农户违约情况越少。

第三节　主要创新与特色

一、主要创新

（1）通过将学历、劳动力人数、自有房屋价值、贷款人及其家庭的技能状况、总资产、农业生产性收入、银行存款、社会信誉状况、联保关系和地区 GDP 增长率等能显著区分违约客户与非违约客户的信用评价指标纳入农户小额贷款信用等级评价指标体系，构建了信用状态显著判别下的内蒙古农户小额贷款信用等级评价指标体系。

通过违约状态判别显著性分析筛选出可以显著区分违约客户与非违约客户的信用等级评价指标。对每个信用等级评价指标连续进行 Brown - Mood 中位数检验和 Moses 方差检验，如果某个信用等级评价指标既能从中位数角度又能从方差角度显著区别违约样本与不违约样本，则该信用等级评价指标将被第一轮的定量筛选保留，同时证明该信用等级评价指标具有违约状态判别

能力，否则该信用等级评价指标将被删除并证明该信用等级评价指标不具有违约状态判别能力。然后通过 Kendall 秩相关分析方法删除信息重复的信用等级评价指标，构建了最终的农户小额贷款信用等级评价指标体系。

研究结果表明：学历、劳动力人数、自有房屋价值、贷款人及其家庭的技能情况、农业生产性收入、总资产、银行存款、社会信誉状况、联保关系以及地区 GDP 增长率等农户小额贷款信用等级指标能够显著区分违约客户与非违约客户。

（2）通过支持向量机测算信用等级评价指标权重，更好地体现了违约样本与不违约样本差距越大则评价指标重要程度越大的权重测算思路，反映了评价指标分布未知时使用何种方法构建具有违约状态判别能力的内蒙古农户小额贷款的信用评价模型的新思路。

通过支持向量机的回归模型求解最优回归函数，然后确定每个评价指标在回归点的权重，使违约与非违约两类样本的差距最大来确定不同指标的重要程度。

通过高斯径向基核函数将农户小额贷款信用等级评价指标空间映射到高维特征空间，解决了农户小额贷款客户评价影响因素非线性赋权问题。避免了现有研究中通过简单线性加权测算信用评分导致的信用等级评价指标与评价结果间的真实关系无法表达的缺陷。

（3）通过阿基米德 Copula 函数与等分法相结合建立信用等级越高则对应等级违约损失率越低的小样本评级模型，解决了由于违约样本数量不足导致的农户贷款无法划分信用等级的问题。

通过等分法对从大到小排序后的信用得分测算其分级阈值，通过分级阈值将农户的信用得分划分为相应信用等级，确保信用得分高的其信用等级也高。然后通过最优阿基米德 Copula 函数及蒙特卡洛模拟生成评级所需的大样本随机数，结合动态调整建立最后满足信用等级越高违约损失率越低的合理的评级模型。

（4）通过在投影结构中加入违约农户与非违约农户的最大分离度，克服了现有的投影结构对违约农户与非违约农户不加区分的弊端，保证了投影方向在聚类思路基础上同时区分违约农户与非违约农户，增强了模型在信用风险评价中的适用能力。

通过有序样品的最优分割法对农户得分进行聚类，得到了信用风险评级的临界值，解决了信用等级划分的问题。

（5）通过使用 TOPSIS 逼近理想解思想改进投影寻踪模型，克服了现有信用风险模型无法有效区别违约样本与非违约样本的弊端，保证了违约样本与非违约样本最大分离的最佳投影方向，解决了建立显著区别违约样本与非违约样本的信用风险模型的问题。

通过有序样品聚类的差异序列方法对投影值评级不仅可以得到评级阈值、计算简便，而且通过不同级别差异大、同一级别差异小的聚类思路，体现了信用风险评级差异化的本质要求。

二、主要特色

（1）通过 Brown – Mood 中位数检验与 Moses 方差检验的组合模型与 Kendall 秩相关检验结合的方法定量筛选指标，用 23% 的指标反映了 85% 的原始信息，建立了简洁明晰的内蒙古农户小额贷款信用等级评价指标体系。

通过 Brown – Mood 中位数检验与 Moses 方差检验的组合模型来双重筛选显著区别违约状态的农户小额贷款信用等级评价指标。通过 Kendall 秩相关检验与 Brown – Mood 中位数检验相结合构建信息重复指标的筛选模型。最终建立的农户小额贷款信用等级评价指标体系用 23% 的指标反映了 85% 的原始信息。

（2）通过选取对于少量样本具有较好的分类性能的代价敏感支持向量机方法，选取最优的惩罚系数，优化了违约判别模型的容错率，提高了样本违约状态的判别精度。

通过支持向量机回归算法，测算农户小额贷款信用等级评价指标的权重，体现了违约样本与非违约样本差距越大、权重越大的信用指标重要度测算思路。

通过高斯径向基核函数将农户小额贷款信用等级评价指标空间映射到高维特征空间，解决了农户小额贷款客户评价影响因素非线性赋权问题。避免了现有研究中通过简单线性加权测算信用评分导致的信用等级评价指标与评价结果间的真实关系无法表达的缺陷。

（3）通过最优阿基米德 Copula 函数和蒙特卡洛方法将农户小额贷款信用等级评价指标的小样本数据扩充为评级大样本数据，弥补了违约数据太少而无法划分信用等级的不足。结合等分法与动态调整法构建了随信用等级降低违约损失率增大的合理的农户小额贷款信用等级划分模型。

通过最优多元阿基米德 Copula 函数拟合出多个评价指标的联合分布函数，然后通过蒙特卡洛模拟出农户小额贷款信用等级评价模型建立所需的大样本数据。

将信用评分等分的方法与动态调整结合，构建了一套高等级低违约损失率的农户小额贷款信用等级划分体系，改善了现阶段只对信用评分划分信用等级进而忽略高等级对应低违约损失率原则的境况。

第四节　研究展望

农户小额贷款是农村金融发展的重要组成部分，构建科学合理的农户小额贷款信用等级评价体系，既有利于农户小额贷款违约风险的测算，又有利于我国“三农”问题的解决。随着农户小额贷款业务的不断发展，银行贷款政策的不断变化，农户小额贷款信用等级评价研究有着广泛的应用前景。但由于作者的精力以及研究水平等因素的限制，本研究仍有一些亟待完善的地方。

一、农户小额贷款供需分析的完善

本研究的农户小额供给分析仅仅从调查问卷的农户普惠金融情况出发，并没有走访农村信用社、商业银行，获取其不同种类贷款的供给数量，分析得不够彻底。随着调查的更深入，相信会分析出更准确的农户小额贷款的供需现状及原因。

二、农户小额贷款信用等级评价指标体系的进一步完善

农户小额贷款信用等级评价指标体系是农户小额贷款信用等级评价研究

的基础。由于农户贷款具有贷款金额小、居住分散、信用意识不强、贷前信息调查困难、回收风险大等特点，现有的农户小额贷款信用等级评价指标体系还不完善。本研究基于某商业银行构建的内蒙古农户小额贷款信用等级评价指标体系是在可获得的评价指标基础之上的。相信随着农户小额贷款数据库的不断完善，本研究中不可观察或者数据不全的评价指标可能会纳入农户小额贷款信用等级评价指标体系中。

三、农户小额贷款信用评级模型的进一步完善

本研究第五章基于最优 Copula 的农户小额贷款信用评级模型中选取的是等分法和动态调整法相结合，手动调整法虽然可以达到“信用等级越高，违约损失率越低”的评级效果，但是其调整过程复杂且耗时。相信随着科学发展的不断成熟，会有更简捷的方法应用于信用评级模型中。

参考文献

[1] 农户小额贷款 [EB/OL]. http://baike. baidu. com/link? url. 2011 - 08 - 16/2017.- 06 - 02.

[2] 程砚秋. 基于支持向量机的农户小额贷款决策评价研究 [D]. 大连理工大学, 2011.

[3] 严青. 当前中国农户小额信贷几个问题研究 [D]. 西南财经大学, 2014.

[4] 李翔. 农户小额贷款风险及控制研究 [D]. 山东大学, 2016.

[5] 娄现国. 基于银行视角的农户小额贷款风险管理研究 [D]. 山东大学, 2016.

[6] 陈俊元. SH 市农业银行农户小额贷款风险管理研究 [D]. 黑龙江八一农垦大学, 2016.

[7] 陈通. 农行农户小额贷款的可持续性发展研究 [D]. 山东财经大学, 2016.

[8] 焦自春. 农业银行农户小额贷款发展研究 [D]. 北京交通大学, 2010.

[9] 张玉梅, 王子柱. 农户小额贷款新型模式研究 [J]. 农村经济, 2010 (3): 54 - 57.

[10] 李明贤, 叶慧敏. 我国农村金融发展与农民收入增长的实证研究 [J]. 江西财经大学学报, 2014 (4): 88 - 97.

[11] 张红宇, 张海阳, 李伟毅, 李冠佑. 中国特色农业现代化: 目标

定位与改革创新 [J]. 中国农村经济, 2015 (1): 4-13.

[12] 刘群. 农户信贷供需特征及有效供给体系研究 [D]. 山东农业大学, 2013.

[13] 张露. 杭州地区农村信用社农户贷款供需问题分析 [D]. 浙江农林大学, 2014.

[14] 龚颖楹. 农户产权抵押贷款需求及信贷约束分析 [D]. 西北农林科技大学, 2016.

[15] 马秀颖, 张馨文, 张凤仪. 吉林省农户贷款需求现状及特征分析 [J]. 税务与经济, 2016 (3): 103-107.

[16] 李鲲鹏. 基于普惠金融视角的农户小额信贷供需均衡发展研究 [D]. 辽宁大学, 2016.

[17] Yu, L. & J. Chen Study on Farmers' Demand for Rural Land Management Right Mortgage Loan Based on the investigation of Faku County. Proceedings of the International Conference on Logistics, Engineering, Management and Computer Science, 2014 (101): 137-140.

[18] 兰庆高, 李岩, 赵翠霞. 农户生产经营性贷款需求及其影响因素 [J]. 农村经济, 2014 (2): 45-49.

[19] 邓芬芬. 差异性农户金融需求与同质性金融供给问题研究——基于湖南永州市240户农户金融供需状况调查 [J]. 金融经济, 2014 (10): 203-205.

[20] 田代臣, 王骄阳. 农户贷款需求与供给的调查分析——以百色右江、田阳等五县 (区) 为例 [J]. 区域金融研究, 2009 (9): 44-45.

[21] 扬州监管分局课题组. 当前农户贷款供需不足及其表现 [N]. 金融时报, 2008-01-17 (012).

[22] 李东, 唐建华. 农户借贷供给主体的行为机制分析 [J]. 中国农业大学学报 (社会科学版), 2006 (4): 45-51.

[23] 雷娜, 赵邦宏. 农户信息需求与农业信息供需失衡的实证研究——基于河北省农户信息需求的调查 [J]. 农业经济, 2007 (3): 37-39.

[24] Adjognon, S. G., L. S. O. Liverpool-Tasie & T. A. Reardon Agricultural input credit in Sub-Saharan Africa: Telling myth from facts. Food Policy,

2017 (67): 93 - 105.

[25] Amadhila, E. & S. Ikhide Unfulfilled loan demand among Agro SMEs in Namibia. South African Journal of Economic and Management Sciences, 2016 (19): 282 - 301.

[26] 蔡选超．基于普惠金融目标的农户小额信贷供需分析 [D]．浙江农林大学，2016.

[27] 王鹏涛．河南省农户借贷供需失衡问题及对策研究 [D]．辽宁大学，2016.

[28] 曹瓅，罗剑朝．农村土地承包经营权抵押贷款供给效果评估——基于农户收入差距的视角 [J]．南京农业大学学报（社会科学版），2015 (5): 114 - 122，141.

[29] 鞠荣华，许云霄，朱雯．农户的信贷供给改善了吗 [J]．农业经济问题，2014 (1): 49 - 54，110.

[30] 马凤才，代堃．大庆市农户小额贷款供给现状分析 [J]．黑龙江科技信息，2014 (9): 291 - 292.

[31] 杜谊．湖南省农户金融服务供需研究 [D]．湖南农业大学，2014.

[32] Sandhu, N. & J. Hussain Banks Lending To Farmers in India. Proceedings of the 5th European Conference on Innovation and Entrepreneurship, 2010: 497 - 506.

[33] 银行家．农户小额信用贷款供给分析 [J]．银行家，2007 (7): 106 - 107.

[34] 工业和信息化部，国家统计局，国家发展和改革委员会，财政部．关于印发中小企业划型标准规定的通知（工信部联企业〔2011〕300 号）[R]．北京：工业和信息化部，国家统计局，国家发展和改革委员会，财政部，2011.

[35] Moody's Investors Service Inc., Wells Fargo & Co. Moody's Drops Wells Fargo Stage Trust to A1 [J]. Bond Buyer, 2013, 385 (33966): 2.

[36] Standard & Poor's Ratings Services. China Credit Spotlight 2012 [R]. New York: Standard & Poor's Financial Services LLC, 2012.

[37] Moody's Investors Service. Global Credit Research [R]. New York:

Moody's Investors Service, 2012.

[38] Fitch Ratings. Fitch Solutions' Bank Credit Model [R]. New York: Fitch Ratings Ltd, 2011.

[39] 大公国际资信评估有限公司. 大公国际信用评级方法框架 [R]. 北京: 大公国际资信评估有限公司, 2011.

[40] 中国银监会. 关于印发《银行开展小企业授信工作指导意见》的通知 [R]. 北京: 中国银行业监督管理委员会, 银监发〔2007〕53号.

[41] 中国银行. 关于发送《中国银行中小企业贷款指导意见》的通知 [R]. 北京: 中国银行, 中银信管〔1998〕520号.

[42] 中国工商银行. 中国工商银行小型企业信贷管理实施意见(试行) [R]. 北京: 中国工商银行, 2008.

[43] 中国建设银行. 关于印发《中国建设银行小企业客户信用评级办法(试行)》的通知 [R]. 北京: 中国建设银行, 建总发〔2009〕101号.

[44] 中国农业银行. 中国农业银行小企业信贷业务管理办法 [R]. 北京: 中国农业银行, 2011.

[45] 霍红, 杨永会. 大数据驱动下农户小额贷款信用体系建设 [J]. 江苏农业科学, 2017 (3): 295-298.

[46] 相婧. 农户小额信贷担保的信用评分与定价研究 [D]. 哈尔滨工业大学, 2016.

[47] 迟国泰, 潘明道, 程砚秋. 基于综合判别能力的农户小额贷款信用评价模型 [J]. 管理评论, 2015 (6): 42-57.

[48] 夏萌. 河北省农户信用评价研究 [D]. 河北农业大学, 2014.

[49] 郭志仪, 吴桢. 农牧户信贷需求的区位差异及影响因素分析——青海的经验证据 [J]. 青海社会科学, 2013 (3): 80-85.

[50] 旷彩霞. 基于BP神经网络和Logistic回归的农户信用评价研究 [D]. 湖南大学, 2012.

[51] 刘莎. 基于小样本的农户小额贷款信用评价体系研究 [D]. 大连理工大学, 2010.

[52] 张润驰, 杜亚斌, 荆伟, 孙明明. 农户小额贷款违约影响因素研究 [J]. 西北农林科技大学学报(社会科学版), 2017 (3): 67-75.

[53] 李天娇. 中国制造业信用风险分析 [D]. 西南财经大学，2016.

[54] Hui L.，Li S.，Zhou Z. The model and empirical research of application scoring based on data mining methods [J]. Procedia Computer Science，2013，17：911 -918.

[55] 祝秀琴. 商业银行客户信用评级指标体系的优化研究 [D]（硕士学位论文）. 厦门：华侨大学，2012.

[56] 张昆. 基于逐步判别的农户小额贷款信用评价研究 [D]. 大连理工大学，2010.

[57] 陈安. 微小企业信用评价指标体系的研究 [D]（硕士学位论文）. 南京：南京农业大学，2009.

[58] 李芳. 中国中小企业信用评级指标体系研究 [D]. 西南财经大学，2009.

[59] Gu，W.，M. Basu，Z. Chao & L. Wei A Unified Framework for Credit Evaluation for Internet Finance Companies：Multi - Criteria Analysis Through AHP and DEA. International Journal of Information Technology & Decision Making，2017 (16)：597 -624.

[60] Wang，W.，X. Liu，S. Chen & Ieee The Credit Risk Prediction of the Small and Medium - Sized Enterprises based on GA - v - SVR. 2013 International Conference on Information Science and Cloud Computing (Iscc)，2014：99 -105.

[61] Arce O.，Mayordomo S.，Pena J. I. Credit-risk valuation in the sovereign cds and bonds markets：evidence from the Euro area crisis [J]. Journal of International Money and Finance，2013 (35)：124 -145.

[62] Li，T.，S. Li& Z. Zhou Genetic Algorithm Applied Research in the Individual Credit Portf olio Scoring. Innovative Theories and Methods for Risk Analysis and Crisis Response，2012 (21)：488 -492.

[63] Posedel P.，Primorac M. Modelling local government unit credit risk in the republic of Croatia [J]. Financial Theory and Practice，2012，36 (4)：329 -354.

[64] 杨胜刚，夏唯，张磊. 信用缺失环境下的农户信用评估指标体系构建研究 [J]. 财经理论与实践，2012，33 (180)：7 -12.

[65] 殷爽．基于指标优化的个人信用评估组合模型研究［D］:（硕士学位论文）．哈尔滨：哈尔滨工业大学，2009.

[66] 吴建华等．内生性回收率与信用风险度量研究［J］．中国管理科学，2016，24（1）：1－10.

[67] 张莉．贷款风险信用等级的多阶 Markov 转移概率估计［J］．统计与决策，2015（23）：154－158.

[68] 李杰．农业产业链融资下农户信用评价方法研究［D］．贵州财经大学，2014.

[69] 王辉．农户信用评价指标体系设计［D］．吉林大学，2014.

[70] 安乐．基于逻辑回归的中小企业信用评价研究［J］．上海金融学院学报，2014（2）：44－49.

[71] Wosnitza J. H.，Leker J. Why credit risk markets are predestined for exhibiting log-periodic power law structures［J］. Physica A：Statistical Mechanics and its Applications，2014（393）：427－449.

[72] Gama A. P. M.，Geraldes H. S. A. Credit risk assessment and the impact of the New Basel Capital Accord on small and medium-sized enterprises：An empirical analysis［J］. Management Research Review，2012，35（8）：727－749.

[73] 陈云，杨晓雪，石松．基于 RS－SVR 的企业信用评分模型［J］．计算机应用研究，2016（11）：3378－3382.

[74] 李永奎，周宗放．基于无标度网络的关联信用风险传染延迟效应［J］．系统工程学报，2015，30（5）：575－583.

[75] 黄祺．中小型高新技术企业初创期融资风险评价——基于模糊支持向量机融资风险评价方法［J］．价值工程，2014（33）：141－142.

[76] Blanco A.，Pino－Mejías R.，Lara J.，et al. Credit scoring models for the microfinance industry using neural networks：Evidence from Peru［J］. Expert Systems with Applications，2013，40（1）：356－364.

[77] Harris T. Quantitative credit risk assessment using support vector machines：Broad versus Narrow default definitions［J］. Expert Systems with Applications，2013，40（11）：4404－4413.

[78] 张娟，张贝贝. 广义半参数可加信用评分模型应用 [J]. 数理统计与管理，2015.

[79] Kruppa J., Schwarz A., Arminger G., et al. Consumer credit risk: Individual probability estimates using machine learning [J]. Expert Systems with Applications, 2013, 40 (13): 5125 - 5131.

[80] Wekesa O. A., Samuel M., Peter M. Modeling credit risk for personal loans using product-limit estimator [J]. International Journal of Financial Research, 2012, 3 (1): 22 - 32.

[81] 张目，周宗放. 基于投影寻踪和最优分割的企业信用评级模型 [J]. 运筹与管理，2011，20 (6)：226 - 231.

[82] 王艺. 土地经营权抵押贷款供需意愿研究 [D]. 南华大学，2015.

[83] 中国人民银行海伦市支行课题组，王永维，刘春英. 从农户不良贷款反弹透视农村金融市场供需现状——以海伦市为例 [J]. 黑龙江金融，2016 (12)：60 - 61.

[84] 姜新旺. 内生金融与农户金融需求的满足 [J]. 改革，2008 (7)：156 - 158.

[85] 中国人民银行济南分行合作金融监管处调查组. 农民贷款难的"症结"分析及解决思路 [J]. 济南金融，2000 (7)：19 - 20.

[86] 曹婷婷. 基于结构方程的商户小额贷款信用评价研究 [D]. 大连：大连理工大学，2010.

[87] 王星. 非参数统计 [M]. 北京：中国人民大学出版社，2005：28 - 205.

[88] 顾雪松，迟国泰，程鹤. 基于聚类—因子分析的科技评价指标体系构建 [J]. 科学学研究，2010 (4)：508 - 514.

[89] 盛夏，李斌，张迪. 基于数据挖掘的上市公司信用评级变动预测 [J]. 统计与决策，2016，15：159 - 162.

[90] 蔡铁，伍星，李烨. 基于 RSBRA 离散化方法的支持向量机集成 [J]. 科学技术与工程，2008，8 (12)：3167 - 3170.

[91] 张文修，吴伟志. 粗糙集理论与方法 [M]. 西安：科学出版社，2001.

［92］杜秋实．基于粗糙集与支持向量机的电力行业信用评价［D］．华北电力大学，2011.

［93］Altman E I. Predicting Financial Distress of Companies：Revisiting the Z-score and ZETA Models［R］. New York：Stern School of Business，New York University，2000.

［94］程砚秋．基于违约判别度的小企业信用风险评价研究［J］．科研管理，2015，S1：510－517.

［95］郭海川．信用评价中指标赋权方法研究［D］．北京化工大学，2012.

［96］夏雨驰．基于支持向量机的中小企业信用评价模型及应用研究［D］．中南大学，2013.

［97］何世钧，唐莹莉，张婷，李煜，谢圣东，于克锋，何培民．基于支持向量机的绿潮灾害影响因素的权重分析［J］．中国环境科学，2015，35（11）：3431－3436.

［98］大连理工大学迟国泰课题组．中国邮政储蓄银行农户小额贷款信用风险决策评价［R］．大连：大连理工大学，2011.

［99］迟国泰，潘明道，齐菲．一个基于小样本的银行信用风险评级模型的设计及应用［J］．数量经济技术经济研究，2014（6）：102－116.

［100］李战江．租赁和商务服务业小企业的信用评价研究［D］．大连理工大学，2014.

［101］韦艳华，张世英．Copula理论及其在金融分析上的应用［M］．北京：清华大学出版社，2008：1－42.

［102］李竹渝，鲁万波，龚金国．经济金融计量学中的非参数估计技术［M］．北京：科学出版社，2007：1－35.

［103］Chen Y. S.，Cheng C. H. Hybrid models based on rough set classifiers for setting credit rating decision rules in the global banking industry［J］．Knowledge－Based Systems，2013，39：224－239.

［104］李战江，迟国泰，党均章．基于Copula的追随者银行的企业项目总体风险评价模型［J］．中国管理科学，2015（1）：99－110.

［105］Lu S. L.，Lee K. J.，Zou M. L. How to gauge credit risk：an investigation based on data envelopment analysis and the Markov chain model［J］．Applied Financial Economics, 2012, 22 (11): 887 - 897.

[106] 任仙玲，张世英. 基于核估计及多元阿基米德 Copula 的投资组合风险分析 [J]. 管理科学，2007 (5): 92 - 97.

[107] 吴建华，王新军，张颖. 相关性分析中 Copula 函数的选择 [J]. 统计研究，2014 (10): 99 - 107.

[108] Mandala I. G. N. N., Nawangpalupi C. B., Praktikto F. R. Assessing credit risk: an application of data mining in a rural bank [J]. Procedia Economics and Finance, 2012, 4: 406 - 412.

[109] Kruppa J., Schwarz A., Arminger G. et al. Consumer credit risk: Individual probability estimates using machine learning [J]. Expert Systems with Applications, 2013, 40 (13): 5125 - 5131.

[110] 张洪祥，毛志忠. 基于多维时间序列的灰色模糊信用评价研究 [J]. 管理科学学报，2011, 14 (1): 28 - 37.

[111] Karaa A., Krichene A. Credit-risk assessment using support vectors machine and multilayer neural network models: a comparative study case of a Tunisian bank [J]. Accounting & Management Information Systems, 2012, 11 (4): 587 - 620.

[112] 刘薇，常振海. 自助法再生样本的获取方法研究 [J]. 齐齐哈尔大学学报，2012, 28 (4): 78 - 80.

[113] Öğüt H, Doğanay M M, Ceylan N B, et al. Prediction of bank financial strength ratings: The case of Turkey [J]. Economic Modelling, 2012, 29 (3): 632 - 640.

[114] Lim M K, Sohn S Y. Cluster-based dynamic scoring model [J]. Expert Systems with Applications, 32 (2): 427 - 431.

[115] Malik M, Thomas L C. Transition matrix models of consumer credit ratings [J]. International Journal of Forecasting, 2012, 28 (1): 261 - 272.

[116] Cipollini A, Fiordelisi F. Economic value, competition and financial distress in the European banking system [J]. Journal of Banking & Finance, 2012, 36 (11): 3101 - 3109.

[117] García V, Marqués A I, Sánchez J S. On the use of data filtering

techniques for credit risk prediction with instance-based models [J]. Expert Systems with Applications, 2012, 39 (18): 13267 - 13276.

[118] 张目，周宗放. 基于投影寻踪和最优分割的企业信用评级模型 [J]. 运筹与管理，2011，20 (6): 226 - 231.

[119] 王春峰，李汶华. 商业银行信用风险评估：投影寻踪判别分析模型 [J]. 管理工程学报，2000，14 (2): 43 - 46.

[120] Chen W, Xiang G, Liu Y, et al. Credit risk Evaluation by hybrid data mining technique [J]. Systems Engineering Procedia, 2012, 3: 194 - 200.

[121] Abdou H, Pointon J, Masry A E. Neural nets versus conventional techniques in credit scoring in Egyptian banking [J]. Expert Systems with Applications, 2008, 35 (3): 1275 - 1292.

[122] Chi B W, Hsu C C. A hybrid approach to integrate genetic algorithm into dual scoring model in enhancing the performance of credit scoring model [J]. Expert Systems with Applications, 2012, 39 (3): 2650 - 2661.

[123] Tabak B M, Luduvice A V D, Cajueiro D O. Modeling default probabilities: The case of Brazil [J]. Journal of International Financial Markets, Institutions and Money, 2011, 21 (4): 513 - 534.

[124] 毛玮. 几种典型综合评价方法的比较及 SAS 软件实现 [D]. 北京：军事医学科学院，2011.

[125] Lyn C. Thomas. A survey of credit and behavioural scoring: forecasting financial risk of lending to consumers [J]. International Journal of Forecasting, 2000, 16 (2): 149 - 172.

[126] Tseng - Chung Tang, Li - Chiu Chi. Predicting multilateral trade credit risks: comparisons of Logit and Fuzzy Logic models using ROC curve analysis [J]. Expert Systems with Applications, 2005, 28 (3): 547 - 556.

[127] Diana Bonfim. Credit risk drivers: Evaluating the contribution of firm level information and of macroeconomic dynamics [J]. Journal of Banking & Finance, 2009, 33 (2): 281 - 299.

[128] 李关政. 基于 MF - Logistic 模型的银行信用风险压力测试 [J]. 金融理论与实践，2012 (1): 11 - 15.

[129] Juri Marcucci, Mario Quagliariello. Asymmetric effects of the business cycle on bank credit risk [J]. Journal of Banking & Finance, 2009, 33 (9): 1624 - 1635.

[130] Shu Ling Lin. A new two-stage hybrid approach of credit risk in banking industry [J]. Expert Systems with Applications, 2009, 36 (4): 8333 - 8341.

[131] Stjepan Oreski, Dijana Oreski, Goran Oreski. Hybrid system with genetic algorithm and artificial neural networks and its application to retail credit risk assessment [J]. Expert Systems with Applications, 2012 39 (16): 12605 - 12617.

[132] Paulius Danenas, Gintautas Garsva. Credit risk evaluation modeling using evolutionary linear SVM classifiers and sliding window approach [J]. Procedia Computer Science, 2012, 9: 1324 - 1333.

[133] Junni L. Zhang, Wolfgang K. Härdle. The Bayesian Additive Classification Tree applied to credit risk modelling [J]. Computational Statistics & Data Analysis, 2010, 54 (5): 1197 - 1205.

[134] V. García, A. I. Marqués, J. S. Sánchez. On the use of data filtering techniques for credit risk prediction with instance-based models [J]. Expert Systems with Applications, 2012, 39 (18): 13267 - 13276.

[135] Hyun Ju Noh, Tae Hyup Roh, Ingoo Han. Prognostic personal credit risk model considering censored information [J]. Expert Systems with Applications, 2005, 28 (4): 753 - 762.

[136] Norbert J. Jobst, Gautam Mitra, Stavros A. Zenios. Integrating market and credit risk: A simulation and optimisation perspective [J]. Journal of Banking & Finance, 2006, 30 (2): 717 - 742.

[137] 张目，周宗放．基于投影寻踪和最优分割的企业信用评级模型 [J]. 运筹与管理，2011，20 (6): 226 - 231.

[138] 赵海燕，乔莹莹．基于投影寻踪聚类的黑龙江省农户贷款信用风险评价研究 [J]. 产业与科技论坛，2012，11 (3): 98 - 99.

[139] 程乾生．一种新的样品聚类方法——差异序列法 [J]. 科学通报，1994，39 (2): 97 - 99.

后　记

本书的完成受到国家自然科学基金资助项目（71731003，71171031，71471027）、中国博士后科学基金项目（2015M582746XB）、内蒙古自治区自然科学基金（2016MS0714）、内蒙古自治区科技计划项目（201605053）以及中国邮政储蓄银行总行项目、大连银行总行项目的大力资助和支持。感谢所有这些科研项目为本书的顺利完成提供的各种支持。

感谢内蒙古自治区政府为博士后基金提供的配套资金支持。感谢内蒙古农业大学为博士后培养提供的资金支持、设备支持和其他各种科研支持。感谢内蒙古农业大学经济管理学院为博士后培养搭建的良好科研平台以及科研支持。

本研究是金融工程学科和农业经济管理学科的深度交叉融合的学术成果。本研究在农户小额贷款供需分析、农户小额贷款信用指标体系的构建、农户小额贷款信用得分测算方法、农户小额贷款信用等级区分等方面做了一些工作，其研究思路体现了大连理工大学迟国泰教授提出的信用评价金字塔原理，即信用等级高而违约损失率低的信用评级思想。本研究以农户小额贷款作为研究领域，体现了内蒙古农业大学修长柏教授在农业经济领域中长期重视“三农”问题、重视农户信贷问题解决的指导思想。

感谢博士后合作导师修长柏教授。感谢修老师给我科研思想的启迪，为我提供的良好科研平台，对我生活和学习的关心。再次感谢修老师默默无闻的付出和人格力量的榜样。

感谢2016级硕士研究生刘丹同学在完成书籍过程中给予的强有力支持。

刘丹同学展现了非常高的科研能力和科研素质，给课题组师生留下了深刻的印象。

感谢内蒙古农业大学博士后科学基金后期资助项目、内蒙古农业大学经济管理学院、内蒙古人文与社会科学重点研究基地——内蒙古农村牧区发展研究所、内蒙古畜牧业经济研究基地、内蒙古自治区科技计划项目“内蒙古供给侧结构性改革机制与政策研究”（201605053）对书籍出版的资助。

本书第一作者完成字数约 16 万字，第二作者完成字数约 5 万字。